ビジネスモデル2.0図鑑

近藤哲朗

本書のビジネスモデル図解、本文の内容は、
2018年8月時点での公開情報をもとにしています。

はじめに

　本書は、100個の「すごいビジネスモデル」を図解したものだ。子どもの頃に読んだ「図鑑」のように、ビジネスの大枠をパッと見て、ビジュアルでとらえることができる。

　注目されるスタートアップや、海外では有名だけれど国内では意外と知られていないユニコーン企業、大企業が新たにはじめた新規事業など、幅広いジャンル、業態のビジネスモデルを取り上げた。

　僕らが今置かれているビジネスの世界の常識は、たいへんな勢いで変化している。それは、「昨日やっていたことに工夫を凝らして改善してみよう」というレベルのものではなく、「昨日やっていたことが、まったく通用しない」「昨日良しとされていたことが、悪とされてしまう」というくらい、「劇的」で「破壊的」なものだ。

　そして、その変化が最もわかりやすい形であらわれるのが「ビジネスモデル」だと、僕は考えている。どんな仕組みをつくったら、生き残れるか？　これはビジネスにおける根本的な問いだ。裏を返せば「これまでの仕組みが通用しない」ことは、企業、産業の生き死にに直結する大問題となってしまう。どれほど優秀な人材を集めても、どれほど設備に多額の投資をしても、「仕組み」自体が通用しなくなったら、そこで終わりだからだ。

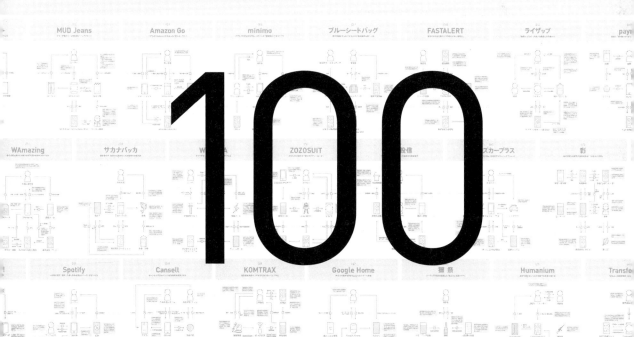

ビジネスモデルは役に立たないのか?

　しかし一方で、近頃「ビジネスモデル／仕組み至上主義」に対するネガティブな意見も顕在化しはじめているように思う。

　よくある批判の1つめが「ビジネスモデルは思考バイアスを生みやすい」というもの。2017年に発売された書籍『ビジネスモデル症候群 なぜ、スタートアップの失敗は繰り返されるのか?』(技術評論社)で著者の和波俊久氏は、ビジネスモデルという「枠」でアイデアを考えることへの懸念を表明している。思考が固定化することでバイアスが生まれ、ビジネスの成功率を下げているのではないか、というのだ。

　2つめの批判は、「どれだけすぐれたビジネスモデルをつくっても、すぐ模倣されてしまう」というもの。実際、本書でも紹介している立ち食いフランス料理店「俺のフレンチ」の高回転率のビジネスモデルは、立ち食いステーキ店「いきなり!ステーキ」に表面的には模倣されている。

「永遠に通用するモデル」は存在しない

- ビジネスモデルは思考バイアスを生みやすい
- ビジネスモデルは模倣されやすい

という意見には、僕も同意する。

　では、どうすればこれらの指摘を乗り越えるビジネスモデルを生み出せるのか。それをひと言で表した言葉が、「ビジネスモデル2.0」だ。定義は序章で詳しく説明するが、最も重要なポイントは「逆説の構造」、すなわち「今の業界の定説を覆す」要素を持っていること。

　今の時代、「ずっと続くビジネスを0からつくれる」という考えは幻想だ。僕だって、ある日、天才的なひらめきによってメルカリを生み出せるならば苦労しない。それよりも、ビジネスを「とりあえず」でもいいからつくって実践してみる。もしそのビジネスが時代の流れによって「定説」になってしまったら、また次の「逆説」をつくる。そうしたアジャイル的な価値観が重要だと思う(アジャイルとは、もともとはシステム開発の用語で、「俊敏な」「素早い」という意味。最初から時間をかけて完璧なものをつくろうとせず、とりあえずテストを繰り返して完成に近づいていく手法)。

　本書に掲載されている100個の事例も、永遠に「すごいビジネスモデル」であり続けるわけではない。ある時期には「今の業界の定説を覆す」ものだったとしても、時の流れとともに定説になってしまうこともある。それにいつまでもしがみついていたら、船は沈んでしまう。重要なのは、変化のなかで「定説」と「逆説」を見極める目なのだ。本書をその「目」を磨くための教科書として使ってほしい。

ヒト、モノ、カネ、情報──どこが新しいのかを見る

本書では、「特にどの部分が新しいのか」によって、ビジネスモデルをヒト、モノ、カネ、情報の4つに分類した。ヒト、モノ、カネ、情報はもともと経営資源の4要素だが、これらのうち1つ（あるいは複数）を根本から刷新することで、これまでどこにも存在しなかった「仕組み」が生まれている。

代表的な経営資源を中心に見ていくことで「ビジネスモデルの中で模倣されにくいところはどこなのか？」「どんな経営資源に注目して、そのビジネスをとらえるのがいいのか？」を見つけやすくなる。

ヒト、モノ、カネ、情報のカテゴリー

新たな「ステークホルダー」を巻き込む	新たな「コアバリュー」を提供する
これまでつながりを持たなかった企業や団体を効果的に巻き込んだ事例	これまで見過ごされていた価値を時代背景の変化により「本質的な価値」として再定義した事例

経営資源：ヒト／モノ／カネ／情報

新たな「お金の流れ」をつくる	新たな「テクノロジー」を使う
これまでお金にならなかった領域やお金の流れが滞っていた領域の事例	実現が難しかった領域を、情報技術やデータ活用により、突破している事例

代表的な経営資源の4つを軸にビジネスモデルを考える

・第1章 モノ　新たな「コアバリュー」を提供する

これまで見過ごされていた商品・サービスや空間の価値を、時代背景の変化により「本質的な価値」として再定義した事例。たとえば、返品されたECサイトの商品を自動で再出荷し、価値ある商品に変える「Optoro」、自己管理が当たり前だったトレーニングジムを、行くだけでメンタル・フィジカル両面を指導してくれる場に変えた「ライザップ」など、アイデアで「逆説」を生み出した事例を紹介している。

・第2章 カネ　新たな「お金の流れ」をつくる

これまでお金にならなかった領域やお金の流れが滞っていた領域の事例。そもそも売買の対象でなかった時間の市場をつくった「タイムバンク」や、送る前の中古品を即時現金化できる「CASH」は、これまで誰も見たことがなかったサービスだ。一方、社会にいいことをしている会社だけに投資する「鎌倉投信」のような、過去には儲けの仕組みが成り立ちにくかったモデルも存在する。

第3章 情報 新たな「テクノロジー」を使う

実現が難しかった領域を、情報技術やデータ活用により突破している事例。イノベーションというと、この「テクノロジーによる革新」をイメージする人が多いと思うが、実際のところ、そう簡単にできるものではない。センシング技術を使った採寸用ボディースーツ「ZOZOSUIT」や無人コンビニ「Amazon Go」がアイデアを発表後も他社の追随を許していないのは、その技術力の高さゆえだ。アイデアを技術で実現するのは、一見シンプルだがハードルが高い。だからこそ、価値がある。

第4章 ヒト 新たな「ステークホルダー」を巻き込む

これまでつながりを持たなかった企業や団体を効果的に巻き込んだ事例。行政事業の初期投資に民間投資家を巻き込んだ「ソーシャルインパクトボンド」や、炭素クレジットを企業に向けて販売することで、ケニアの人に安全な水を提供している「LifeStraw」など、これまで多くの人が考えつかなかった創意工夫のあるモデルが多い。

図解で得られる3つのメリット

なお、ビジネスモデル図解には、大きく分けて3つの理解のレベルがある。

① 認識：たくさんのビジネスモデルを知ることができる
② 学習：ビジネスモデルを図解で表す、ということを学べる
③ 実践：自分の仕事での説明に図解を取り入れることができる

まずは、①認識。100の事例が掲載されているため、少なからず自分の興味がある領域、自分の仕事に近い領域、あるいはこれまでまったく関わったことのない業界のビジネスが見つかるはず。「こんなビジネスモデルがあるんだ！」という驚きによって、既存の常識にとらわれない自分の思考の幅を広げてくれる。

「『認識』だけして何かメリットがあるのか」と思うかもしれないが、ビジネスが複雑化している今の時代、実はこれがいちばん難しい。僕は今ビジネスモデル図解のコンサルティングを請け負っているが、最も多い依頼は「自分の会社のビジネスモデルを一度図解して、可視化してもらえないか」というものだ。特に大企業になると、事業の数が多い分、自社がどのようなビジネスモデルで運営され、どこに課題があり、どこに新たなビジネスチャンスがあるのかを、しっかり把握できている人は少ない。経営陣からも、「整理してもらって自社のサービスの強み、弱みがよくわかった」という感想をよくもらう。「見える化」するだけで、たいていの問題は解決するのだ。

次に、②学習。たくさんの図解の中身をくりかえし読むことで、徐々にビジネスモデル図解の読み解き方に慣れていく。本書はすべての事例をあえて3×3の同じ「型」で図解しているため（「図解の説明書」ページ参照）、個別の例を見て「すごい」と感心して終わるのではなく、この事例とこの事例は構造が似ているとか、この事例を自分の業界でこんな風に応用できるとか、アイデアを広げるうえでも有効なはず。

最後に、③実践。自分で図解をして、新しいビジネスモデルをつくる段階。本書の読者はいろいろな人がいると思うけれど、働いている人であれば、何らかの業界・職種のビジネスに関わっているはず。まずは自分の会社のビジネスモデルを図解してみることをおすすめする。取引先とのやりとりが多い人は、取引先に対する説明に使ってみてほしい。コミュニケーションツールとしてビジネスモデル図解を活用するだけで、話がまとまりやすくなる。学生は自分が就職したい企業のビジネスモデル図解をしてみると、業界・企業への理解が進むだろう。ちなみに、巻末には、ビジネスモデル図解を実際につくれるツールキットを紹介しているので、使ってみてほしい。

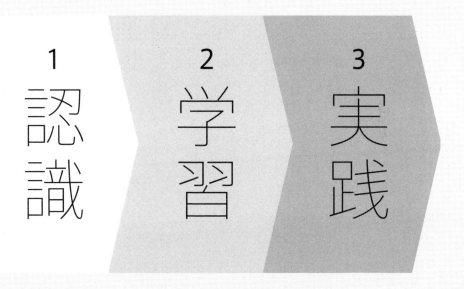

ビジネスモデル図解の3つの理解のレベル

「ビジネス食わず嫌いの人」にこそ読んでほしい

本書は、ビジネスモデルとか、儲けの仕組みとか、新規事業とか、そういうものに対して「食わず嫌いの人」にこそ読んでほしい。数字やバランスシートと聞いただけで苦手意識がある人、ビジネスモデルなんて考えたこともない人、クリエイターの人、そして特に、これから社会で影響力を持ちはじめる若手の人……。このような読者を想定したのは、著者である僕自身がもともと「クリエイティブ畑」の

人間で、ビジネスのことをまったく知らなかったから。長年、「ビジネス」というものに対して漠然とした嫌悪感があった。

しかし、いざ自分で会社をつくり、いろいろな企業や経営者たちと交流する機会が多くなると、「稼ぐ」「儲ける」という目的だけにはとどまらず、さまざまな志のもとに、ビジネスが面白い仕組みで成り立っていることを学んだ。そして特によくできているビジネスの仕組みには誰かに伝えずにはいられない感動があった。

だから、かつての僕がそうだったように、この本を見て「ビジネスって面白いかも」と思う人が1人でも増えて、多くの人の間にビジネスモデル図解という共通言語ができれば、これほどうれしいことはない。

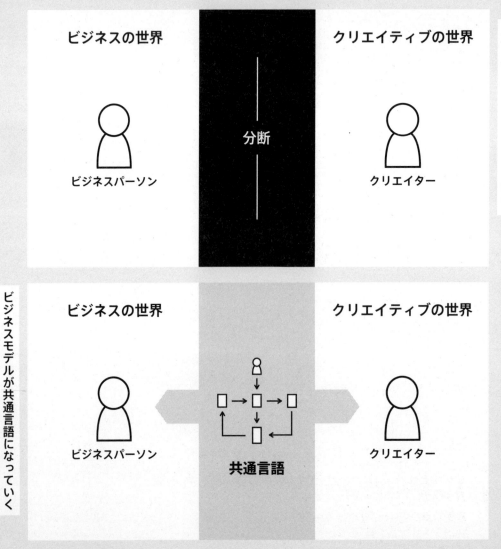

目次

はじめに 3

序章
「ビジネスモデル2.0」とは何か?
「逆説の構造」のモデルが生き残る時代 19

生き残るビジネスモデルには「逆説の構造」がある 20
ビジネスモデル1.0と2.0を分けるもの
「起点」「定説」そして「逆説」を考える
「ポプテピピック」のどこが革新的か?——逆説の構造、3つの事例

「非常識」をいかに実現するか? 25
逆説が強いほど「高度な仕組み」が求められる
「逆説の究極形」がイノベーション

「社会性」「経済合理性」「創造性」
——理想はすべてが揃ったビジネスモデル 28
逆説だけでは感動するビジネスモデルは生まれない
「八方よし」の考え方が必要になる
「ソーシャル」と「ビジネス」と「クリエイティブ」

「バランスシートに載らない価値」こそが重要 33
なぜ社会性と創造性が求められるのか?
バランスシートに載らない「無形資産」
数字に表せない価値を資産に換える

社会に貢献しないとお金が集まらない
SBCの考え方に近い経営をする企業例
これからは「ビジネスモデル2.0」の時代へ

図解の説明書　41

第1章 モノ　新たな「コアバリュー」を提供する

001 Bulletin
シェアオフィスに続く「シェア店舗」というアイデア　46

002 Optoro
返品された商品を自動で「再出荷」できるシステム　48

003 俺のフレンチ
一流シェフの料理を低価格で味わえる秘密は「回転率」　50

004 サマリーポケット
捨てるよりも楽な「モノ版」のクラウドストレージ　52

005 PillPack
個包装で飲み間違いをなくす次世代のオンライン薬局　54

006 未来食堂
自分の気分や体調に合わせたおかずを注文できる定食屋　56

007 Spacious
開店前のレストランがコワーキングスペースに　58

008 rice-code
「田んぼアート」でお米が買える地方創生の取り組み　60

009 **サカナバッカ**
卸を通さず、漁港から直接仕入れる鮮魚小売専門店　62

010 **セイコーマート**
セブン-イレブンも圧倒する地域密着型コンビニ　64

011 **DUFL**
「手ぶらで移動」を可能にする出張・旅行者向けサービス　66

012 **MUD Jeans**
オランダ発のリース契約制ジーンズブランド　68

013 **LEAFAGE**
店舗もキッチンも持たないオンラインフードサービス　70

014 **ライザップ**
「結果にコミット」を支える徹底した仕組み化　72

015 **citizenM**
「世界中を動くビジネスマン」向けシェアリング型ホテル　74

016 **EVERLANE**
「原価」を公表するファッションブランド　76

017 **Neighbor**
空きスペースを貸し出す「倉庫版Airbnb」　78

018 **CARGO**
ライドシェアビジネスで広がる「車内コンビニ」　80

019 **ブルーシードバッグ**
熊本地震をきっかけに生まれた震災復興の新しい形　82

020 **BONOBOS**
「売らない店舗」で稼ぐメンズアパレルブランド　84

021 **WAmazing**
訪日外国人観光客のあらゆる不便を解消するサービス　86

022 **Warby Parker**
自宅で試着してから購入できるメガネ　88

023 **フィル・カンパニー**
「駐車場の上」に建物をつくって土地を有効活用　90

024 **日本環境設計**
リサイクルを「しないといけない」から「したい」へ　92

025 **FREITAG**
廃棄される製品が「世界にひとつだけのバッグ」に変わる　94

026 **サイゼリヤ**
安いのに本格的な食材を使えるのはなぜ？　96

027 **b8ta**
製品の「ベータテスト」を行うための小売店　98

028 **Vacation STAY**
楽天グループが運営する「物件をハイブリッド活用できるサイト」　100

029 **ecbo cloak**
お店の空きスペースを「コインロッカー」として使える　102

030 **オイシックス**
生産者の顔が見えるから「不揃いな野菜」でも安心　104

031 **横浜DeNAベイスターズ**
地域住民との距離感が近い野球スタジアム　106

第2章 カネ 新たな「お金の流れ」をつくる

032 Lemonade
保険の余剰金を寄付できるアプリ 112

033 ポルカ
友達から「お金をちょっとだけ支援してもらう」アプリ 114

034 タイムバンク
「時は金なり」を実現。時間を売買できるマーケットプレイス 116

035 CASH
写真を撮るだけで、持ち物をすぐ「現金化」できる 118

036 ALIS
信頼できる「記事」と「人」がわかるメディアプラットフォーム 120

037 Mobike
なぜ、中国のシェア自転車のマナーは改善したのか？ 122

038 Fundbox
フィンテックで「資金繰りに困った」を解決 124

039 Cansell
キャンセルするホテルの宿泊権利を売買できる 126

040 Unipos
働く仲間同士が成果給を送り合う仕組み 128

041 SHOWROOM
AKB48などのアイドルを「直接」応援できるライブ配信サービス 130

042 paymo
簡単に「割り勘」ができるキャッシュレスアプリ 132

043 Medicalchain
患者が自分の医療データを管理するメディカルプラットフォーム 134

044 TransferWise
「見えない為替手数料」をなくす、海外送金サービス 136

045 グローバルモビリティサービス
「低所得者も車を所有」を実現した遠隔操作技術 138

046 クラウドクレジット
日本の余剰資金と海外の資金需要をつなぐクラウドファンディング 140

047 鎌倉投信
「いいことをしている会社」を重視する投資信託 142

048 &Biz
中小企業に特化したM&Aマッチングサービス 144

049 ジャンプルーキー！
『週刊少年ジャンプ』が仕掛けるマンガ家育成の仕組み 146

050 Funderbeam
誰でも簡単に「未公開企業」に投資できる 148

051 Spotify
4000万曲が「無料」で楽しめる音楽ストリーミングサービス 150

052 WASSHA
アフリカで「電気の量り売り」をするサービス 152

053 Doreming Pay
働いた分の給料を1日単位で使用できる給与前払いサービス 154

054 ポリポリ
市民と政治家のコミュニケーションを促すアプリ 156

第3章 情報 新たな「テクノロジー」を使う

055 Farmers Business Network
「農家×ビッグデータ」で生産性が劇的に上がる　162

056 プチローソン
ローソンがはじめた「オフィス内コンビニ」　164

057 ZOZOSUIT
ZOZOが仕掛ける「採寸用ボディースーツ」　166

058 Airレジ
店舗の魅力と顧客マッチングの質を高める無料レジアプリ　168

059 Amazon Go
シアトルにAmazonが出店した「無人コンビニ」　170

060 芝麻信用
人脈や素行など「個人の信用」を点数化する仕組み　172

061 MUJI passport
「無印良品」の顧客を理解するためのアプリ　174

062 クラシル
動画数世界一！ 辞書的レシピ動画アプリ　176

063 Flexport
アナログだらけの国際物流の世界にデータ一元管理を導入　178

064 Tokyo Prime
タクシーの乗客に合わせた広告を出せるサービス　180

065 タイムズカープラス
駐車場大手の「タイムズ24」が運営するカーシェアサービス　182

066 獺祭
データとIT活用で実現した「素人による酒づくり」 184

067 Google Home
声だけで操作できるGoogleのスマート家電 186

068 FASTALERT
取材のあり方を変えた「記者のいない通信社」 188

069 KOMTRAX
建設機械大手のコマツが仕掛けるIoTビジネス 190

070 YAMAP
圏外エリアでも現在位置がわかる地図アプリ 192

071 陣屋コネクト
効率化に苦しむ旅館を救う経営管理システム 194

072 コエステーション
「声を提供したい人」と「声を使いたい人」をつなぐ 196

073 SmartHR
面倒な人事労務手続きを軽減するオンラインサービス 198

074 ピリカ
「ポイ捨てデータ」を集めたゴミ回収SNS 200

075 マークラインズ
買い手市場の中で「売り手重視」の自動車産業情報ポータルサイト 202

076 GitHub
ソフトウェア開発のためのソースコードを共有化 204

077 Checkr
個人の身元調査を簡単にする統合検索エンジン 206

第4章
ヒト 新たな「ステークホルダー」を巻き込む

078 Humanium
違法な銃がおしゃれな時計や自転車に変わる　212

079 ソーシャルインパクトボンド
「公共事業はお金がかかる」を覆す、すごい仕組み　214

080 SCOUTER
「友人・知人のネットワーク」を活用した転職エージェント　216

081 ポプテピピック
ファンの間で熱狂的な人気を誇る「クソアニメ」　218

082 GO-JEK
人だけでなくモノも運ぶ「インドネシア版Uber」　220

083 ビッグイシュー
ホームレスの自立を応援するための雑誌　222

084 minimo
ミクシィがはじめたサロンスタッフを「直接指名」できるアプリ　224

085 Mikkeller
年間100種類の新商品を生み出す「設備を持たない」ビールメーカー　226

086 ダイアログ・イン・ザ・ダーク
完全暗闇を体感するソーシャルエンターテインメント　228

087 キッチハイク
料理を「つくりたい人」と「食べたい人」をつなぐコミュニティ　230

088 WeLive
「WeWork」(シェアオフィス)に続く、コミュニティ重視の居住スタイル　232

089 LifeStraw
安全な水が飲めるストロー型の浄水器　234

090 スタディサプリ
学生のより良い学びと未来をつくる授業動画配信サービス　236

091 Good Job! センター香芝
障がいのある人と社会をつなぐ新しい働き方　238

092 彩
地元で採れる草花が高級料亭の「つまもの」に変身　240

093 留職プログラム
新興国でのボランティアを通じた人材育成プログラム　242

094 子育てシェア
地域の人といっしょに子育てをするシェアアプリ　244

095 TABLE FOR TWO
20円で食の貧困と肥満を解決する仕組み　246

096 nana
ユーザー同士が歌や演奏を投稿して楽曲をつくるアプリ　248

097 拼多多
中国で急成長するエンタメ感あふれる共同購入サービス　250

098 ヤンキーインターン
中・高卒者向けの住み込み型就職支援プログラム　252

099 Neighbors
ご近所同士で実現する地域のホームセキュリティ　254

100 PECO
殺処分ゼロに貢献するペット情報サイト　256

「モノ」のビジネスモデルまとめ　108
「カネ」のビジネスモデルまとめ　158
「情報」のビジネスモデルまとめ　208
「ヒト」のビジネスモデルまとめ　258

自分でビジネスモデルを
図解してみよう　259

おわりに　262

参考書籍
参考企業＆組織ＨＰ　265

序章

「ビジネスモデル2.0」とは何か？

「逆説の構造」のモデルが生き残る時代

生き残るビジネスモデルには「逆説の構造」がある

ビジネスモデル1.0と2.0を分けるもの

本書で紹介している100のビジネスモデルには共通の特徴がある。

- 「逆説の構造」がある
- 「八方よし」になっている
- 「儲けの仕組み」が成立している

の3つだ。

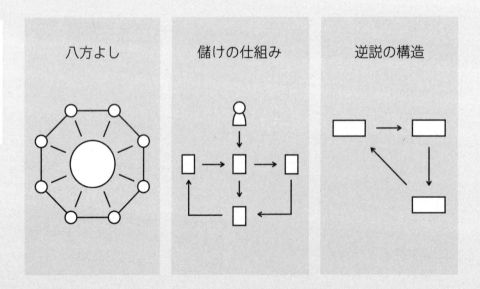

100の事例の特徴

「ビジネスモデル1.0」と「ビジネスモデル2.0」を分けるのは、この3つ（の特徴）をすべて持っているかどうか。

これまでのビジネスモデルは、「儲けの仕組み」と訳されることが多く、どうしても、その経済合理性ばかりが注目されてきた。しかし、これからの時代は「儲けられれば何をしてもいい」という仕組みや企業は淘汰されていくだろう。その理由を、具体的な100の事例を見る前に説明しておきたい。

「起点」「定説」そして「逆説」を考える

　3つのなかで、最も重要なルールが「逆説の構造」だ。この構造があるかどうかで、ビジネスモデルの新しさ、つまり「創造性」があるかが決まる。

　「逆説の構造」とは僕の造語だが、そのビジネスにおいて「何が創造的なのか?」を考えるためのフレームワークのことをいう。このフレームワークは、①起点から定説をとらえて、②逆説を生み出し、③起点と逆説を組み合わせる、という構造になっている。

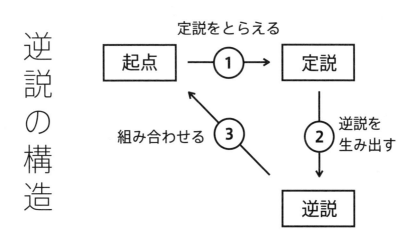

　「逆説」を考えるためには、まず「**起点**」を設定する必要がある。「起点」とは、これまで見てきたとおり、「そのビジネスが一般的にいうと何を提供しているのか」もしくは「主な事業領域」を表す。

　「**定説**」とは、「起点」となるものが世の中でどんなイメージを持たれているか、どんな当たり前があるのか、ということ。この「定説」のとらえ方は、人によって異なる。また、「普通はこうだよね」といえる何かを見つけるためには、その業界のことを知らなければならない。

　「**逆説**」とは、「定説」に対して「何が逆なのか?」を表すもの。定説さえしっかり読み取れれば、逆説を見つけるのは簡単。ただ、逆説は1つではない。1つの定説に対して複数の逆説が考えられることもある。逆説を考えてから、反対に定説を読み解くということもありえる。

　起点、定説、逆説は、言葉にして読み上げると考えやすい。

　「起点」って普通「定説」だよね。でも、このビジネスでは逆で「逆説」なんだ。

　というように相手に説明してみると、そのビジネスのすごさを一言で伝えることができる。

> 逆説は相手への説明に使うもの

```
起点 って普通 定説 だよね
でも、 対象 は逆で 逆説 なんだ
```

 逆説の構造は相手に話すときにそのまま使える

「ポプテピピック」のどこが革新的か？──逆説の構造、3つの事例

イメージがわきやすいよう、次の3つの事例について「逆説の構造」を紹介していこう。

① 俺のフレンチ
② ポプテピピック
③ Humanium

高級料理をお手頃価格で提供する立ち飲みレストランとして有名な①「俺のフレンチ」のビジネスモデルを逆説の構造で表すと、次の図になる。

> 逆説の構造「俺のフレンチ」

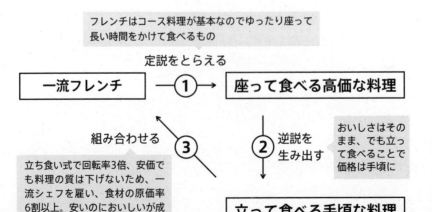

これまで「一流フレンチ」(起点)は、「座って食べる高価な料理」(定説)というのが普通だった。でも、俺のフレンチはそれを「立って食べる手頃な料理」(逆説)にした。立ち食いにすることで、価格を安くしても、通常のフレンチレストランの3倍前後の回転率になり、客を3倍迎え入れることができる。だからこそ、ビジネスとして成り立たせることができる。このように逆説の構造にあてはめると、俺のフレンチというビジネスモデルの「強み」が見えてくる。

次に、掟破りのアニメとして大ヒットした②「ポプテピピック」。逆説の構造をひも解くと、下図のようになる。今、「深夜アニメ」(起点)は、「製作委員会方式が主流」(定説)。つまり、費用を分担したうえでコンテンツを製作する。けれども、ポプテピピックはそれを「単独出資方式で製作」(逆説)した。そうすることで、責任の所在が明確になり、コンテンツ自体も掟破りでたくさんのパロディをつくることができ、結果的にアニメは大ヒットした。

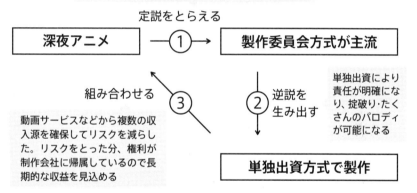

逆説の構造「ポプテピピック」

違法な銃からつくられた金属である③Humaniumの逆説の構造は、次ページ図のようになる。「押収した違法銃」(起点)は、普通「処分できずに放置」(定説)。なぜならコストがかかり、警察にとって、処分することにメリットがないから。そこで、銃そのものをリサイクルし「処分させずに収益化」(逆説)したのがHumaniumの面白いところだ。これにより、違法銃を取り締まる側にもインセンティブを与え、結果的に危険な銃を社会からなくすことにつながる。さらに、この金属が時計や自転車に変わり、リサイクルされた商品を買うことで、社会貢献ができる。

逆説の構造「Humanium」

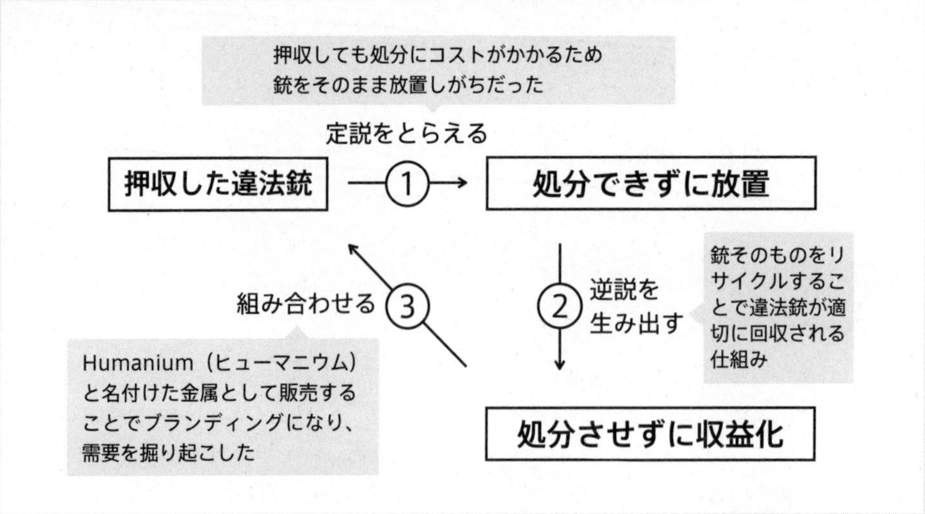

押収しても処分にコストがかかるため
銃をそのまま放置しがちだった

定説をとらえる

押収した違法銃 →①→ **処分できずに放置**

↑ ③ 組み合わせる ｜ ② 逆説を生み出す ↓

銃そのものをリサイクルすることで違法銃が適切に回収される仕組み

Humanium（ヒューマニウム）と名付けた金属として販売することでブランディングになり、需要を掘り起こした

処分させずに収益化

「非常識」を
いかに実現するか？

逆説が強いほど「高度な仕組み」が求められる

　ここでの大事なポイントは、「逆説」が強いほど、そのビジネスは「非常識的」であるということ。だからこそ「逆説」と「起点」を組み合わせるためには高度な仕組みが求められる。当然だが、「逆説」そのものが非常識的であればあるほど、普通はそれを成立させることは難しい。にもかかわらず、世の中には逆説が成り立つような仕組みをつくりあげている「すごい事例」が存在する。

　とはいえ、時代にあわせて「定説」は移り変わっていく。ずっと同じ定説に基づいた「逆説」でビジネスをし続けることはできない。つまり、その時代における「起点→定説」を読み解くことが必要とされる。このフレームワークを使いこなすには、「時代読解力」とでもいうべき能力が求められるのだ。

　「起点→定説」は現在を起点としている。だから、現在においての「逆説」の時間軸は未来にあたる。なぜなら、「逆説」は非常識的で、基本的に世の中で実現されていないようなことだから。しかし、時代が変われば、未来を先取りしたはずの逆説も世の中の当たり前になり、定説になっていく。つまり、過去における逆説は現在では定説となり、さらにビジネスを発展させていくためには、その時々の「現在の定説の逆」を見つける必要がある。ビジネスとは、時代の変化に合わせて何度も何度も「定説」と「逆説」を繰り返していくことだともいえる。

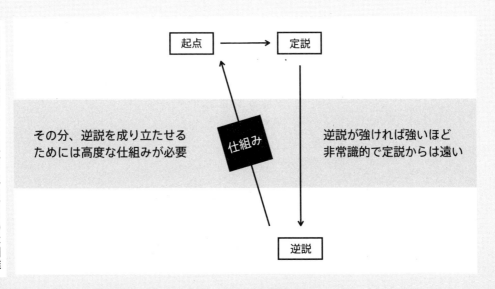

逆説が強いビジネスを成り立たせるのは困難

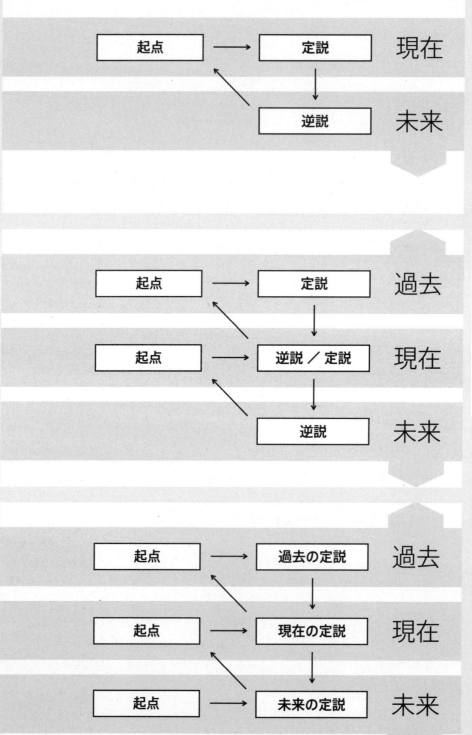

「逆説の究極形」がイノベーション

僕は、**逆説の「逆」が最も強い状態こそ、イノベーション**だと考えている。イノベーションは、日本では「技術革新」などと訳されることが多いが、本質的な意味はもっと広く、「革新を創造する」ことを指す。

逆説とイノベーションは、大いに関係がある。たとえば、以下のような例を考えてみよう。

起点：傘
定説：片手を占拠しているのに、どうしても雨に濡れてしまう
逆説：両手が空いていて雨に絶対に濡れない

傘は本来、雨をよけるため、雨に濡れないためにつくられている。にもかかわらず、雨から体の全部を防ぐことはできず、どうしても足など一部が濡れてしまうことが多い。それを解決するためにレインコートなどの派生商品も出ているけれど、レインコートを持ち歩く人は少ない。目的に照らして不完全な傘という製品が多くのシェアを占めている。

そこで、「両手が空いた状態でも絶対に濡れない傘」が生まれたらどうだろう？ めちゃめちゃ便利ではないか。たとえば、宙に浮きながら全身をバリアのように包み込み、雨はすべて弾き返す。しかも、視界はクリアに見えていて、他の人の迷惑にもならない。さらに手頃な値段。こんな製品があったら絶対に売れるはず。どう実現するか今のところはわからないけれど、ここまでできたらイノベーションだと思う。

現実にある事例を出すなら、世界初の全自動洗濯物折りたたみ機「ランドロイド」はイノベーションといえるかもしれない。これまで洗濯は、「洗う」「乾燥させる」というところまでは自動化が進んでいたけれど、その次の「たたむ」が自動化できなかった。なぜなら、衣服の種類や大きさがバラバラで、たたみ方もまちまちだったから。

「これを自動化するのは不可能ではないか」と思われていたところに、全自動洗濯物折りたたみ機が開発された。できないと思われていたことができた。定説が強ければ強いほど、逆説が実現されたときのインパクトは大きいのだ。

「社 会 性」
「経済合理性」
「創 造 性」
──理想はすべてが揃ったビジネスモデル

逆説だけでは感動するビジネスモデルは生まれない

　逆説のあるビジネスはクリエイティブで、面白い。だけど、逆説の構造さえあれば必ずうまくいくかというと、そうとは限らない。たとえば、先ほどの「俺のフレンチ」のような飲食事業で考えてみると、仮に「俺のフレンチ」が以下のようなことをしていたら、それでも感動するだろうか?

- 顧客満足度を高めるために、社員の過度な残業を奨励し、休暇もなく働かせていたら?
- 食材の品質を落とさないまま極力低価格で仕入れるために、地球環境に良くない原材料の仕入れを意図的に行っていたら?

　もちろん、あくまでたとえ話だ。実際にそういう事実があるわけではない。でも、仮の話として、これらの事実があきらかになったときに、それでも顧客からの支持は維持されるだろうか。

逆説の構造さえあれば感動するか?

あるビジネスにおいて

顧客満足度を高めるために、社員の過度な残業を奨励し、休暇もなく働かせていたら?

ブラック企業…?

食材の品質を落とさないまま極力低価格で仕入れるために、地球環境に良くない原材料の仕入れを意図的に行っていたら?

環境破壊…?

「八方よし」の考え方が必要になる

僕がそんなことを考えているときに出会ったのが「八方よし」という概念だった。これは、社会性を重視した投資信託である「鎌倉投信」創業者の1人、新井和宏氏の著作『持続可能な資本主義』(ディスカヴァー・トゥエンティワン)という本で述べられていた考え方だ。

もともと、日本には「三方よし」という言葉がある。これは「売り手よし、買い手よし、世間よし」という3つの関係者に対して共通の価値を生むという近江商人の思想だ。

八方よしの考え方

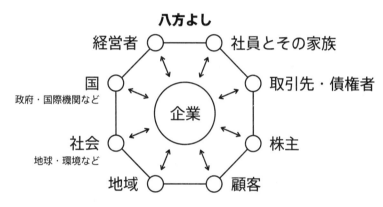

企業経営において考慮すべき関係者はたくさんいる

出典:『持続可能な資本主義』(ディスカヴァー・トゥエンティワン)

新井氏は著書の中で、現代の複雑化した社会においては、企業を取り巻く関係者(ステークホルダー)は拡大していると指摘し、「八方よし」という考え方を提唱している。

つまり、今のビジネス環境は、三方よしというざっくりした分け方では、とらえきれないくらい関係者が増えているということ。この八方よしという枠組みに、先ほどの例をあてはめてみると、次ページ図のようになる。

どこかを犠牲にするビジネスは八方よしではない

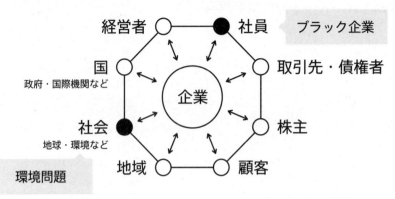

どこかを犠牲にして成り立つビジネスは継続が難しい

　社員を犠牲にして成り立っている、社会を犠牲にして成り立っている……そうした八方のどこかを犠牲にして成り立つビジネスは、そこで苦しんでいる人や不利益を被っている状況を前提としているから、継続が難しくなる。

　ちなみに鎌倉投信は、社会性のある企業に投資をすることで有名な企業で、2013年には、格付投資情報センター（R&I）で最優秀ファンド賞（投資信託／国内株式部門）を獲得するなど、経済合理性も成り立っている（本書でも142ページで図解している）。

「ソーシャル」と「ビジネス」と「クリエイティブ」

　ここまでの話をまとめると、下の図に行き着く。

ソーシャルとビジネスとクリエイティブ

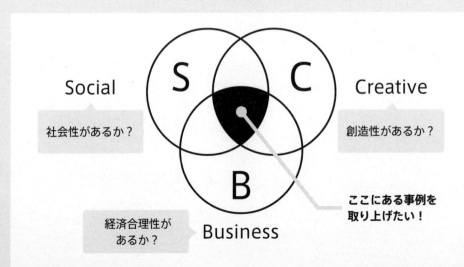

「**Social**(ソーシャル)」「**Business**(ビジネス)」「**Creative**(クリエイティブ)」の3つの円が重なる真ん中の事例こそ、これからの時代に生き残るビジネスモデルだ。

ソーシャルは「社会性があるか?」を問うもの、ビジネスは「経済合理性があるか?」を問うもの、クリエイティブは「創造性があるか?」を問うもの。そして、ソーシャル、ビジネス、クリエイティブという3つの観点(以後、頭文字をとってSBCと記す)は、ビジネスモデル2.0の、3つのルールと連動している。本書(およびインターネット上で発表している「#ビジネスモデル図解シリーズ」)では、なるべくSBCの3つの円すべてに重なるビジネスモデルを図解している。

・ソーシャルの「社会性があるか?」の問いには、
「八方よし」を考える

・ビジネスの「経済合理性があるか?」の問いには、
「ビジネスモデル(儲けの仕組み)」を考える

・クリエイティブの「創造性があるか?」の問いには、
「逆説の構造」を考える

ただし、社会性を測る八方よしの判断は難しい。「八方よしを満たす」ということ自体がとても困難なうえに、「どうすれば満たしているといえるのか」は人によってさまざまな解釈がある。そのため、現状ではネガティブチェック程度に使い、何かしら八方よしを満たしていないと判断できた場合は、図解を公開しないようにしている。

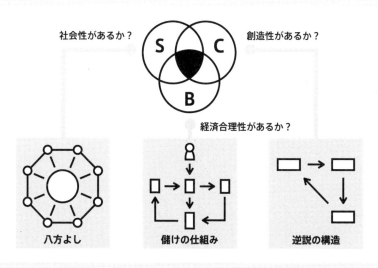

八方よし、ビジネスモデル、逆説の構造の関係性

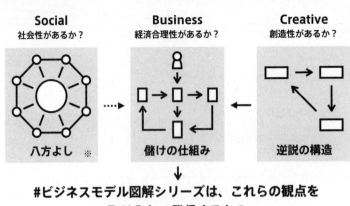

「バランスシートに載らない価値」こそが重要

なぜ社会性と創造性が求められるのか?

　企業が生き残るために、「経済合理性」(ビジネス)という観点は、いうまでもなく重要だ。しかし、これからは経済合理性だけが求められる時代ではなくなっていく。

　そもそも、企業はなにかしらの活動をするかぎり、企業価値を上げ、社会に対してプラスの影響をもたらすことを期待されている。この企業価値を測るツールとして、「バランスシート(B/S)」がある。これは財務諸表の1つで、会計の分野で使われる。バランスシートは、「貸借対照表」とも呼ばれ、ある一時点での企業の財政状態を見るもの。こう書くと難しく感じるかもしれないけれど、原理は簡単。

バランスシートに置き換えて考える

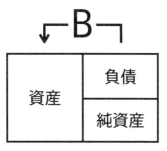

企業活動は、集めた資金を資産に変換することで、顧客に価値を提供し、結果的に利益を生む構造。つまりビジネスの根幹は資産への変換にある。

　バランスシートの右側には、「負債」と「純資産」の2つが並んでいる。これは、「お金をどうやって手に入れたか?」を示している。たとえば、銀行から借りた500万円と、自分のお金である500万円を投じてつくった会社は、合計1000万円のお金を、2つの手段で用意してきたことになる。さらに会社の規模が大きくなると、「自己出資したお金」「株主が出資したお金」が加わる。上場すれば、さらに多くの人からお金を集めることができる。

　一方、図の左側は「資産」と呼ばれる。先の例でいえば、「1000万円を何に使っているか」を表すもの。商品をつくる資金として使ったり、店舗をつくるために

使ったりと、ビジネスに応じてさまざまな用途で使われた資産を左側に記載する。ちなみに現金のまま保有することもできる。

つまり、極論してしまえば、企業活動におけるビジネスの根幹は、「集めたお金を資産に変換する」というポイントに集約される。その結果、顧客に価値を提供することができる。価値を提供することによって、売上があがり、利益が出て、継続的に活動できるのだ。

バランスシートに載らない「無形資産」

次に、「創造性」(クリエイティブ)の話に移ろう。資本から資産への変換をビジネスとするなら、創造性はどこで発揮されるのか?

答えは、無形資産。無形資産は、ブランドや信用、人材、アイデア、ノウハウといった通常バランスシートに記載されない資産のこと。別名「のれん」。このような無形の資産が、今、大きな注目を浴びている。企業価値について書かれた『バリュエーションの教科書』(森生明著、東洋経済新報社)では、「企業価値の本質はこの無形資産"のれん"をつくりだす力にある」と述べられている。

資産は通常、お金さえあれば買える。しかし、**無形資産はお金があるだけでは得られない。**あらゆる創意工夫の結果、ブランド価値につながったり、いい人材が採用できたり、ノウハウがたまっていったりする。こうした無形資産を生み出すことにこそ、クリエイティブ、つまり創造性が求められる(※無形資産を重要視する象徴的な出来事のひとつに、経済産業省が2017年10月に発表した「伊藤レポート2.0」がある。この中で、無形資産の重要性が説かれている。くわしく勉強したい人は、ぜひ読んでみてほしい)。

創造性こそ無形資産にレバレッジする

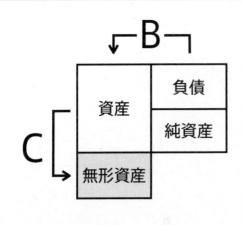

無形資産はブランドや信用、人材、アイデア、ノウハウといった通常バランスシートに記載されない資産。別名「のれん」。これこそ企業価値をつくる源泉。クリエイティブの役割は究極、資産を無形資産へ変換すること。

数字に表せない価値を資産に換える

最後に「社会性」(ソーシャル)。社会性を追求するということは、まだ財務情報に現れていない将来的なリスクにアプローチするということであり、非財務の領域をより効果的に(無形)資産に変換していく、ということ。

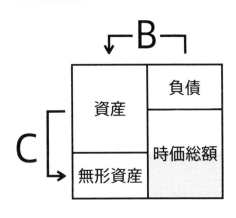

バランスシートの左右は等しい。無形資産が増えることで市場の期待値は上がり、時価総額も上がっていく。

※ただし時価総額は株式公開もしくはM&Aが伴わなければ通常定量化されない

無形資産が増えることで時価総額が上がる

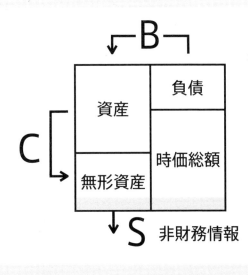

社会性を追求することは、まだ財務情報に現れていない将来的なリスク(非財務な領域)にアプローチすること。非財務な領域をより効果的に(無形)資産に変換していくことが企業価値につながる

社会性の追求は非財務な領域を資産に変える

非財務情報というのは、財務的な数字としては表せない情報のこと。たとえばリスク情報、サステナビリティの課題への対応、従業員に関する情報などで、その一部がCSR(企業の社会的責任)報告書や有価証券報告書などに記載される。今、非財務の領域が注目されている理由は、徐々に中長期的な視点が企業経営に求められるようになっているから。

具体的な例として、国連は、2015年にSDGsを採択して、企業に取り組みを促

した。SDGsとは「Sustainable Development Goals（持続可能な開発目標）」の略で、貧困や飢餓などの問題に対して17の目標を決めたもの。

　これは本質的には、SDGsで定められているような世界的な課題を解決していくために、パブリックセクターだけではなく、民間企業にも協力を仰ぎたいという意思の表れだろう。それほどに世界全体の課題は大きく、見過ごせなくなってきている。

社会に貢献しないとお金が集まらない
　一方、「ESG投資」という言葉を聞いたことがあるだろうか。EはEnvironment（環境）、SはSocial（社会）、GはGovernance（企業統治）の略で、この3つを考慮できている企業に対して投資家が積極的に投資していくという話。

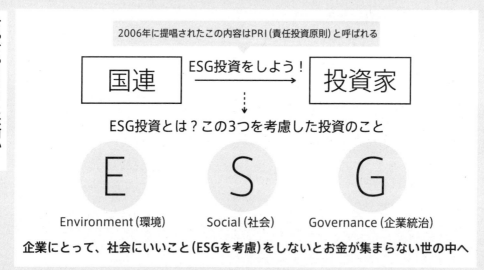

そもそもESGとは何か？

ざっくりいえば「環境と社会に対して企業はちゃんと責任を持ちましょう。そのために企業内部で変なこと（たとえば粉飾決算）を起こさないような体制をつくりましょう（これが企業統治）」ということ。

　なぜここで、ESG投資という小難しい話をするかというと、これが企業経営における社会性と密接に紐付いているから。日本の年金を100兆円規模で運用し、世界最大の機関投資家と呼ばれるGPIF（年金積立金管理運用独立行政法人）が、2017年からESG投資の運用をはじめたくらい、ESGは日本でも注目されている。「投資家がESGを気にする」ということは、投資家からお金を集める企業にとっても他人事ではない。**これからはESGを気にしなければ、投資家からお金を集められなくなってくるからだ。**

僕も、はじめはなぜGPIFのような機関投資家が、ESG投資をするのかがわからなかった。ESG投資は平たくいえば「いい会社に投資します」ということなので、社会性はあるだろうが、経済合理性が薄いような気がしたからだ。

しかしその考え方は間違いだった。100兆円規模の運用をしていると、一社一社の株価の上がり下がりはごくごく小さな話で、もはや日本の経済全体に投資しているような（日本だけではないが）もの。そうなると、しっかり利回りを出すためには、日本の経済全体を揺るがすようなリスクを排除する方向で投資していかなければならない。それはつまり **E**：環境の問題だったり、**S**：社会の問題だったり、それに向き合う **G**：企業統治の問題に配慮して投資していくことが、長期的な利回りを確保していくことにつながる。言い換えれば、それだけ環境や社会の問題は無視できなくなってきている、ということだ。ここにも、社会性が重要視されるべき一端が垣間見える。

SDGsやESGのような動きが世界的に起こり、企業はより中長期で社会にとってためになる存在にならなければいけない外圧が働いている。つまり、企業にとって社会性はますます大事になってくることは間違いない。

日本におけるESGの契機

100兆円以上を運用する世界最大の機関投資家といわれる

国内では、2017年に

GPIF が ESG投資 をはじめた！

なぜGPIFのような投資家がESG投資をするのか？

GPIFは投資家である以上もちろんリターンが求められる
そんななか、ESGに配慮できているようなある意味「いい会社」に対して
投資をすることに経済合理性はあるの？

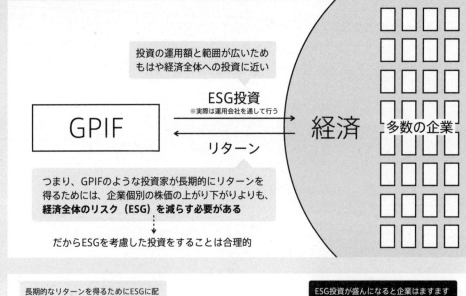

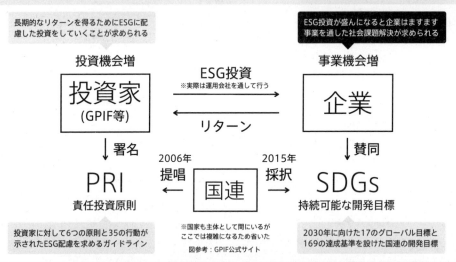

以上の話をまとめると、次のようになる。

① 経済合理性は資本から資産への変換
② 創造性は資産から無形資産への変換
③ 社会性は非財務から無形資産への変換

つまり、企業価値を上げるために、これら3つの観点をバランスよく取り入れることが必要になる。

ちなみに、こうした話はどうしても「きれいごと」に陥りがちなのだが、「いいことをしている」だけでは、ビジネスは成り立たない。

僕自身、NPOや社会起業家の仲間が多く、その中には「深刻な社会課題に貢献しよう」と思ってはじめた事業で採算が取れず、うまく継続しない事例をたくさん見てきた。社会性だけを大事にしよう、創造性だけが素晴らしい、ではなく、「SBCすべてを満たす」ことが重要なのだ。

SBCをバランスよく満たすことが企業価値につながる

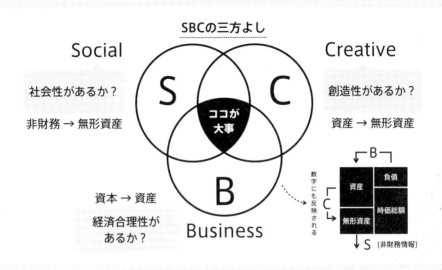

SBCの考え方に近い経営をする企業例

抽象的な話が続いてしまったので、このSBCについて、実際の企業経営を例に説明したい。三菱ケミカルホールディングスは、「KAITEKI経営」というキーワードで、企業価値を上げていくために、3つの軸を決めている（これは個別の事業戦略ではなく、全社的な経営戦略の話になるので、本書で紹介している事業戦略レベルのビジネスモデルとは前提が異なることを注釈しておく）。

① Management of Sustainability (MOS):
サステナビリティの向上を目指す

② Management of Economics (MOE):
資本の効率化を重視する経営

③ Management of Technology (MOT):
イノベーション創出を追求する

面白いのは、時間軸が決められていること。100年単位 (Century)、10年単位 (Decade)、四半期 (Quarter) でそれぞれをとらえている。

ここでの3つの軸は、ある意味、先ほど述べたSBCと対応していると考えるこ

とができる。

① MOS：ソーシャル

② MOE：ビジネス

③ MOT：クリエイティブ

　僕は三菱ケミカルホールディングスの取締役会長小林喜光氏の講演を聴きに行き、SBCの3つの観点が実際に経営に取り入れられていることを知った。100年、10年、四半期、という時間軸の概念が加わり、より強固なフレームとして実在していることに畏敬の念を覚えた。

　通常、MOSのような長期的な観点とMOEのような短期的な観点は競合しやすく、サステナビリティを得るためには短期的な利益を減らさなければいけないと考えがちだ。しかし、同社はそれを同時に成し遂げようとしている。実際、MOSのミッション達成率と、MOEの営業利益の間には正の相関が見られるという。

これからは「ビジネスモデル2.0」の時代へ

　ビジネスモデルの考え方として、「これからの時代に企業価値を上げていくためには、経済合理性だけではなく、社会性と創造性こそが必要だ」という話をしてきた。だとすれば、これから自社の新規事業を立ち上げたり、起業したりする人は、はじめから、それら3つを考慮したうえでビジネスモデルを考えたほうがいいのではないか。

　これまでのビジネスモデルは、「儲かる仕組みかどうか」という側面が強く、どうしても経済合理性ばかり注目される構造になりがちだった。しかしこれからは、**「社会性」を八方よしになっているかで見極め、「創造性」を逆説の構造で見極め、「経済合理性」をビジネスモデル図解で見極める。**このようなSBCにもとづいたビジネスモデル構築をすることが、結果的に経済的成功にもつながる。それこそ、これからの社会に求められる企業のあり方ではないかと思う。

図解を読む7ステップ

まずは 中央の縦列を見る

❶ **誰に？**
その事業は誰のために行われるのか？

❷ **何を？**
何が事業として行われるのか？ 製品が入ることも

❸ **誰が？**
誰がその事業を行っているのか？

次に 中央の横列を見る

❹ **何が重要？**
その事業を特徴づける重要な関係者・モノはなにか？

そして 四隅を見る

❺ **誰が関係？**
提携している企業や、重要な関係会社はあるか？

❻ **誰が関係？**
利用者のほかに関係している重要な人物・会社は存在するか？

四隅を見る

さらに 矢印（や補足）を見る

❼ **どんな流れがある？**
モノ・カネ・情報の流れがどうなっているか？

❌ **主体が入らないことも**
必ずしも3×3のすべてのマスが埋まっている必要はない

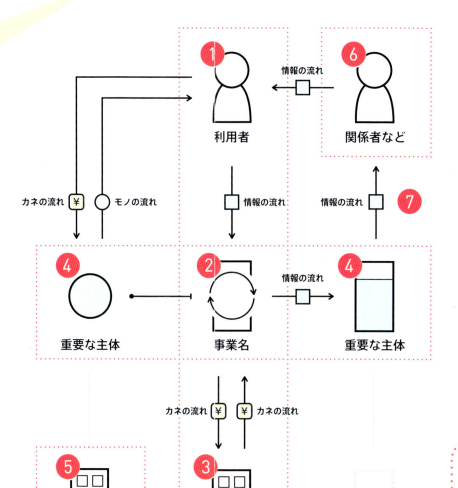

※この図はサンプルのため、特定のビジネスを指すわけではない

図解の説明書

ビジネスモデル図解は、よりシンプルでわかりやすく相手に伝えるため、いくつかのルールにそってつくられている。ここでは基本的なルールを紹介する。本書の100の事例はすべてこのルールに基づいている。

主体

上段：利用者
中段：事業
下段：事業者

3×3で構成

「主体」とは、ビジネスにおける重要な関係者・モノのことを指す。この主体は3×3に収めるルール。上段、中段、下段はそれぞれ利用者、事業、事業者を指す。詳しくはめくったページで解説する。

矢印

モノ・カネ・情報の流れ

「矢印」とは、主体の間を流れる重要な関係性のことを指す。モノ・カネ・情報の流れを区別するためマークがある。入れ子の場合は小さいほうに●がつく。必ず存在するわけではない流れには点線を使う。

補足

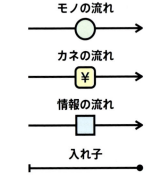

ふきだしの補足

「補足」とは、主体や矢印だけでは描ききれない重要な情報のことを指す。なぜこの主体があるのか？ なぜこの矢印があるのか？ など、理由を明記することにも使う。補足に対して補足が入ることもある。

第1章

モノ

新たな
「コアバリュー」
を提供する

第1章 モノ 新たな「コアバリュー」を提供する

これまで当たり前だった商品やサービスも、知恵やテクノロジーしだいで生まれ変わる。見過ごされてきた商品やサービス、空間の価値を時代背景の変化に合わせて「本質的な価値」として再定義した事例を紹介する。

Bulletin

001

シェアオフィスに続く「シェア店舗」というアイデア

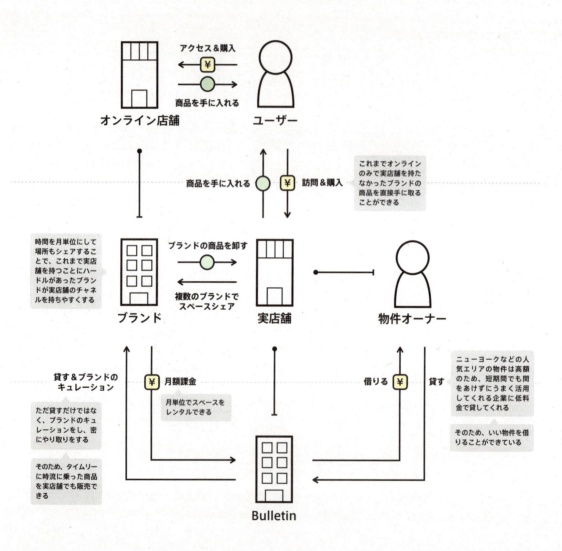

小売店の販売店舗	起点	定説	郊外の店舗全体を年単位でレンタル
		逆説	都内の店舗の一部を月単位でレンタル

一等地の実店舗を「細切れ」で提供

「Bulletin（ブリティン）」は、オンラインブランドのオーナーなどに従来型店舗で販売する手段を提供する、いわば「オンラインブランドのシェア小売店」。

現在、同社は、ニューヨークのSOHO地区やウィリアムズバーグなどの地域でビジネスを展開している。

一見、ただのセレクトショップのようだが、場所をシェアして細切れにするだけでなく、時間も月単位で借りられるよう細切れにしている点が特徴であり、そこが「逆説」のポイントになっている。

実店舗で勝負するうえで特に立地は重要だ。ニューヨークのような一等地は、地価が高く、一度借りる人が抜けると、次に借りる人が見つかるまで時間がかかり、空き店舗になってしまうことがある。この点に着目し、短期間でも実店舗を活用できる仕組みをつくったのが、Bulletinである。物件オーナーにとっても短期間の空き店舗を埋めてくれる存在はありがたいので、低価格で借りることに成功している。

ブランド側にとっても、これまで実店舗を持つうえでハードルになっていた課題を解決できる。好立地であればチャレンジしやすいし、しかも月単位で出店できる。ポップアップストア（空き店舗などに出店し、一定期間で消える店舗）として宣伝に活用することも可能だ。これまで直接商品を手に取れなかった顧客にアプローチできるのも魅力的。

Bulletinは、時間と場所の両方を「刻んだ」ことで、物件オーナーの課題と、ブランド側の課題の双方をうまく解決している。しかも、「WeWork（起業家向けのコワーキングスペースを提供する米国の企業）のリテール版」と自ら表現し、シェアリングエコノミーのトレンドにうまく乗っかっているのも成功ポイントだと思う。

002

Optoro

返品された商品を自動で「再出荷」できるシステム

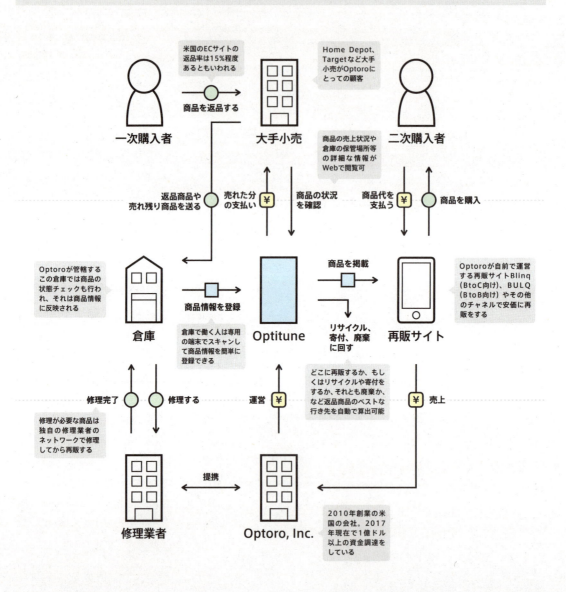

ECサイト　起点　定説　返品された商品はコストになる
　　　　　　　　逆説　返品された商品も再販できる

1億ドルを調達。米国発「次のユニコーン」

　オンラインショッピングの市場が拡大した現代社会では、返品や売れ残りは小売事業者にとって大きな損失になっている。さらに、それらが廃棄されることになれば環境にも悪影響を与えることになる。

　こうした状況を踏まえ、より持続的な消費を促すために、ECサイトで返品された商品を扱う物流サービスをはじめたのが2010年創業の米国企業「Optoro（オプトロ）」だ。米国のECサイトの返品率は15％程度とされる。むだな資源を減らすという意味でサステナブルであることも時代のトレンドに乗っている。

　同社が展開する「Optitune」というサービスが特にすごいのは、返品されてきた商品を自動的に選り分けてベストな再販先を決めるところにある。ここに同社の技術が詰まっているといっても過言ではない。

　再販するだけでなく、必要に応じて修理したり（修理業者のネットワークも抱えている）、リサイクルや寄付にまで回したりもする。同社が作成したサービス紹介の映像では「ネクストベストホームにデリバリーする」と言っているが、同社のサービスをわかりやすく表現している。

　OptoroはBtoC向けには「Blinq」、BtoB向けには「BULQ」という再販サイトも自前でつくり、出口も用意している。一見すると廃品回収業者に近いけれども、それをテクノロジーを用いて現代的な方法でやっているのが特徴。

　2010年創業でありながら社員は500人以上。なおかつ1億ドル以上をすでに調達していて「次のユニコーン（評価額が10億ドル以上で、非上場のベンチャー企業）」と評されるほどに成長している。

003

俺のフレンチ

一流シェフの料理を低価格で味わえる秘密は「回転率」

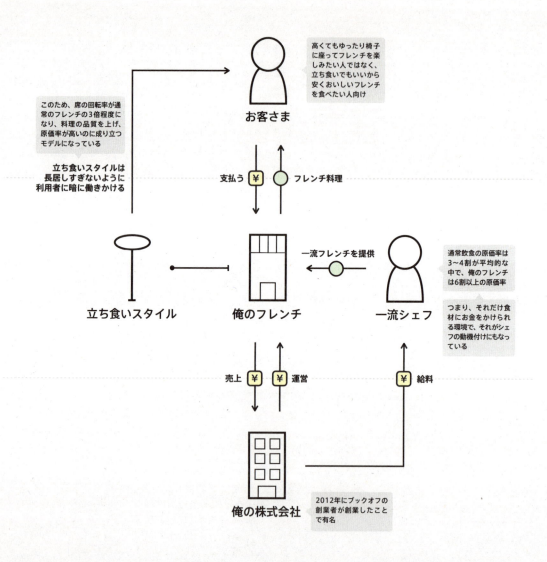

フレンチなのに立ち食いで回転率を3倍に

　一流レストランで活躍したシェフたちが高級料理をお手頃価格で提供する立ち飲みレストラン「俺のフレンチ」。運営する「俺の株式会社」は、2012年創業の飲食チェーン。あのブックオフの創業者の坂本孝氏がはじめた新しい業態の飲食店として知られる（創業当時70歳超！）。

　「フレンチなのに立ち食い！」というスタイルは衝撃的のひと言。通常、フレンチはゆったり椅子に座って食べるスタイルで、高価なのが当たり前だった。

　しかし、立ち食いにすることで通常の3倍の顧客回転率にし、一人当たりの専有スペースも小さくした。それにより、安価でも成り立つ料金設定にした。ワタリガニのトマトクリームパスタ780円、ピザのマルゲリータ580円などプライシングがすごい。

　通常、飲食の原価率は3～4割程度が多い。ところが、俺のフレンチは6割以上の原価率をキープ。一流のシェフを引き抜くために、「好きな食材を好きなだけ使っていい」というのを誘い文句にしたからだといわれている。

　シェフを動機付けながら、料理の品質を保ち、かつ立ち食いで回転率を上げる仕組みに支えられている。よくできたビジネスモデルだ。

　創業時、「調理学校を出た人たちが10年後も飲食業に携わっている確率は1割にも満たない」ということを知った坂本氏は、優秀な料理人の生きる道をつくると同時に、ファストフードが増加する現代でも本当においしい料理を安く顧客に提供したいという想いからはじめたという。

　2018年現在、俺の株式会社はさまざまな展開を見せ、「俺のスパニッシュ」や「俺の割烹」といった業態を生んでいる。フレンチほどのインパクトはないが、国内30店舗を超え、アジアにも2店舗進出している。ただ、現在は立ち食いスタイルだけでなく、着席の店舗も展開している。今後のビジネスモデルの変化に注目したい。

004
サマリーポケット

捨てるよりも楽な「モノ版」のクラウドストレージ

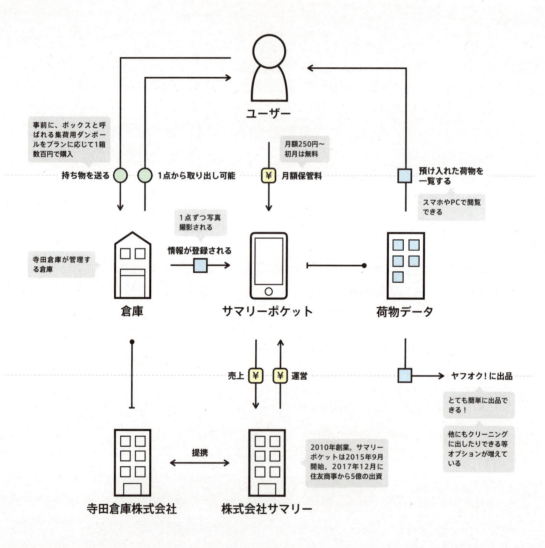

いつでも預けて引き出せる「シェアリングエコノミー」の決定版

「サマリーポケット」は、2015年にサービスを開始したクラウド収納サービス。

2017年12月、住友商事から5億円の出資が発表されたり、元SMAPの稲垣吾郎氏が広告塔として起用されたりと話題性も十分ある。

本来、家に置いてある持ち物には、保管コストがかかっている。それはつまり、占める床面積分の家賃が持ち物を保管しているコストになっているということ。せっかく広い家に引っ越しても、荷物が多いと狭くなり、保管コストは高くついてしまう。断捨離的な発想で荷物を捨てることができればいいが、「年に一度しか使わないけれど、どうしても必要」という荷物もあり、すべてを処分することは難しい。

サマリーポケットは、使わない荷物を月額保管料250円から預けられる。寺田倉庫と提携しているので、倉庫に送った荷物は安全かつ温度・湿度管理された環境で保管される。これも利用者にとっては大きな安心材料。

同サービスの最大の特徴は、1点ずつ写真を撮り、Web上でいつでも一覧できるようにしている点。まるで「モノ版」のクラウドストレージ。

何より感動するのは、途中で追加されたオプション「おまかせヤフオク！出品サービス」。預けた荷物が不要になった場合、簡単な手続きでヤフオク！に出品できる。使うかどうか判断のつかないものをとりあえず預けておき、あとで換金することも可能ということ。

「所有から利用へ」。昨今シェアリングエコノミーが盛り上がっているけれど、ここまでまっすぐにその思想をサービスで解決しようとする事例はなかなか見当たらない。多額の出資を受けて、今後どのような事業展開が見られるか楽しみだ。

005
PillPack

個包装で飲み間違いをなくす次世代のオンライン薬局

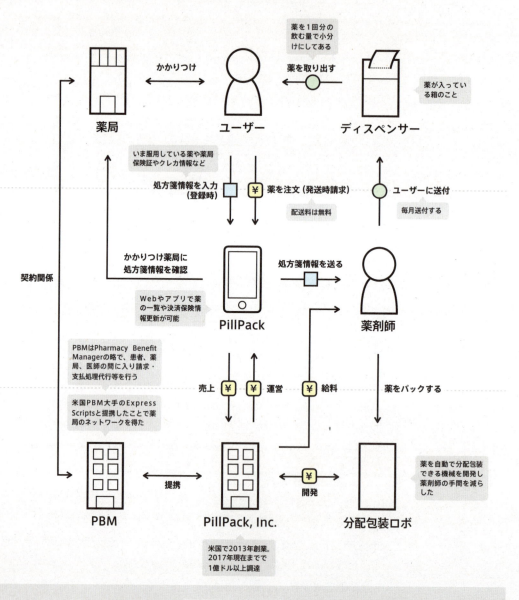

薬の飲み間違いを減らすことの価値

米国で2013年に創業した「PillPack（ピルパック）」は、新しいスタイルで調剤薬局のサービスを提供する企業。2017年までに1億ドル以上の資金調達をするなど急成長を遂げている。

毎月薬がユーザーに送られてくるシステムなので、日常的に薬を飲まない人にとっては縁遠いサービスかもしれないけれど、「米国では5人に1人は1日3種類以上の薬を飲んでいる」というデータもあるほど市場規模は大きい。

PillPackでは、オンラインで薬の注文が完了できるほか、薬の追加、保険情報の更新もできる。登録時に処方箋情報を入力すると、PillPackがかかりつけの薬局に連絡し、処方箋情報を確認してくれる。また、大量のオンライン注文をさばくために、薬を自動で分配包装するロボットを自社開発し、薬剤師の手間を減らしたのも強み。

同サービスで最もインパクトがあるのが、1回ずつ飲む分の薬を取り出せる「ディスペンサー」（薬の入った箱）。1つずつ包装された薬が出てくるので、飲み間違えることがない。米国では、服用ミスで亡くなる人が年間相当数いるので、「飲み間違えない」という体験自体に価値がある。

既存の薬局にとってPillPackはライバルになり得る。それなのに、ユーザーのオンラインへの移行を薬局が半ば助けるような仕組みを構築できた背景には、PBM（薬局給付管理）の存在がある。医師や薬局など利害関係者の間に入り、支払・請求の代行などを行う米国医療業界特有の組織だ。PillPackはPBMと提携することで薬局のネットワークを得る代わりに、同社の利益の一部をPBMに支払うという仕組みである。

超高齢化社会が進行中の日本にも今すぐほしいサービスだけれど、現状の薬事法では、薬は薬局で直接渡さないといけないと定められており、オンライン薬局を展開するには法律的なハードルがある。なお、2018年6月にAmazonが10億ドルで買収した。

006

未来食堂

自分の気分や体調に合わせたおかずを注文できる定食屋

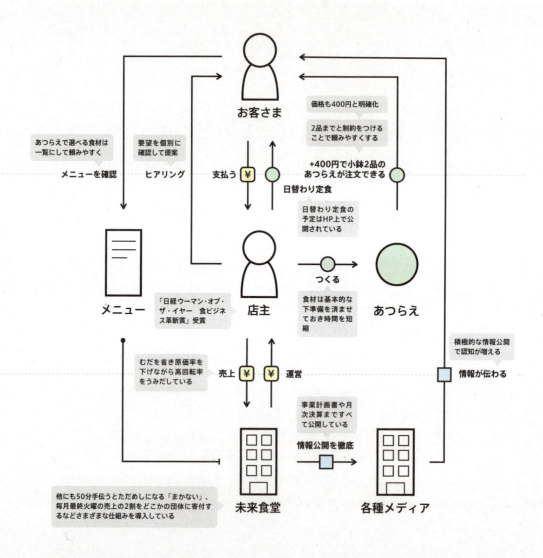

| 定食屋 | 起点 | 定説 | 誰が頼んでも同じメニューの提供 |
| | | 逆説 | 頼んだ人に合わせたメニューを提供 |

飲食業界の「常識」に一石を投じるオーダーメイド定食

「未来食堂」は、自分の気分や体調に合わせたおかずを注文できる「あつらえ」という仕組みをもつ定食屋だ。あつらえはオーダーメイドに近い料理なので、客の要望のヒアリングや調理に時間がかかって非効率になりそうだが、これを仕組みで解決しているのがすごいところ。2017年には「日経ウーマン・オブ・ザ・イヤー 食ビジネス革新賞」を受賞している。

具体的には、食材の数の多さにはこだわらず、調味料やちょっとした工夫で料理のバリエーションを増やしている。もちろん基本的な下準備は済ませておき、時間を短縮。あつらえをつくる時間を稼ぐために、日替わり定食はあらかじめメニューを決めておき、夜もメニューを固定するなど、効率的に調理できるようにしている。

また、あつらえという一見わかりにくいメニューを頼みやすくするために、価格は400円に固定し、「おかず2品まで」という制約をつけている。また、メニューに選べる食材を一覧化するなどして、できるかぎり注文する際のストレスを軽減している。

通常、定食屋のような低価格が売りの飲食店では、誰がいつ頼んでも同じものが提供されるように、あらかじめメニューは決められている。当然、客一人ひとりの要望に合わせることは非効率なので敬遠されがちだった。しかし未来食堂は「あなたの"ふつう"をあつらえる」という事業コンセプトの下、飲食業界の定説に一石を投じている。結果、売上原価を25％前後に抑えながら、昼のピーク時に最大7回転の高回転率を実現しているからすごい。

極めつけは、事業計画書や月次決算などの経営情報をすべてオープンにし、情報公開を徹底していること。それによりメディアにも取り上げられる機会が増え、未来食堂の仕組みを知ったうえで来店する顧客によって、さらにお店が活性化するというサイクルができている。「情報をオープンにすることが結果的に利益を生み出す」という構造が現代的だ。

Spacious

007

開店前のレストランがコワーキングスペースに

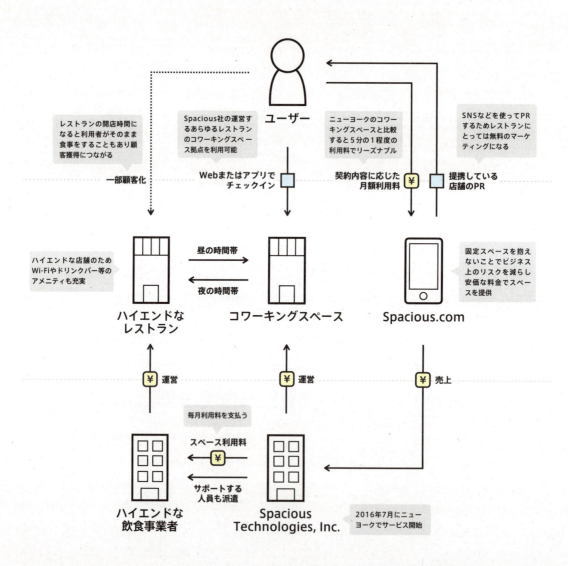

レストランは売上拡大や宣伝効果につながる

「Spacious（スペーシャス）」は、開店時間前のレストランをコワーキングスペースとして提供するサービスだ。2016年7月にニューヨークでサービスを開始している。現在は、ニューヨークに14店舗、サンフランシスコに4店舗出店するなど順調に事業を拡大している。

コワーキングスペース自体はWeWorkをはじめ多くのビジネスが生まれているけれど、その多くが空間自体は自前で用意している。しかも最近は、どこもリノベーションしておしゃれな空間を演出することで差別化を図っているため、コストは上がる一方。

そのような市場環境の中、Spaciousのサービスは、レストランが開店する前の空き時間を活用するというアイデアがすぐれている。Spaciousがコワーキングスペースとして主に提供するのはハイエンドなレストラン。ハイエンドであればあるほど、昼間のランチで採算をとるのが難しい（ランチにかけられる値段と料理の質が合いづらいため）。だけど、Spaciousにレストランの空間を提供すれば、毎月利用料が支払われる。しかも、そのレストラン自体をSpaciousがPRしてくれるうえに、コワーキングスペースの利用者が働いたあとに、そのままお客さまになってくれるケースもある。レストランにとっては、そのメリットは小さくない。

Spaciousにとっても、アメニティとしてWi-Fiやドリンクなどを自前で用意するコストがかからないので、ハイエンドなレストランを利用できるのはメリットが大きい。利用者にとっては、Spaciousが提携しているレストランであればどこでも自由な場所で働くことができ、気分を変えて仕事をすることもできる。月額95ドルで利用できる点もリーズナブルで良心的。

https://www.spacious.com/ より

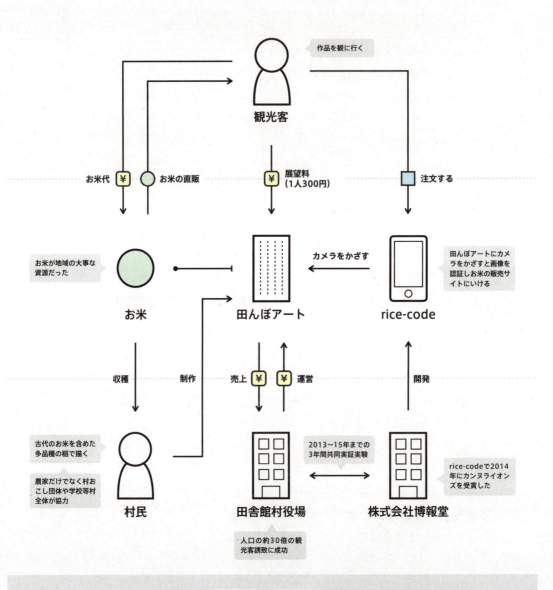

人口7900人の農村に人口の約30倍の観光客が殺到

　田んぼを見下ろすと絵のように見える「田んぼアート」。田んぼをキャンバスに見立て、色の異なる稲を使って巨大な絵や文字をつくり出すプロジェクトで、日本各地で行われている。

　その田んぼアートをスマホアプリで読み取ると、地元で生産されたお米を買える。そんな仕組みの中核を担ったのが、博報堂が開発した「rice-code（ライスコード）」というアプリ。

　舞台になった青森県田舎館村は、お米が名産品。しかし、高齢化や人口減少といった要因も相まって、お米の売上は年々減少していた。そうした背景から、名産のお米そのものを活用した田んぼアートに長年取り組んできたが、お米の売上にはつながらなかった。そこで、田んぼがそのまま「売り場」になる新しい取り組みを開始。つい写真を撮りたくなる風景をつくり、そこからお米が購入できるサイトにまで飛べるように設計された仕組みがうまい。

　これにより田舎館村は、村の人口の約30倍の25万人の観光客招致に成功した。2014年にはカンヌライオンズという国際クリエイティビティフェスティバルのPR部門とアウトドア部門で金賞を受賞している。

　3年間の実証実験後も、毎年田んぼアートは続いており、観覧者数も昨年（2017年）は約27万人、展望料収入は約7300万円に及ぶ。地方創生の取り組みのひとつとして注目したい。

009
サカナバッカ
卸を通さず、漁港から直接仕入れる鮮魚小売専門店

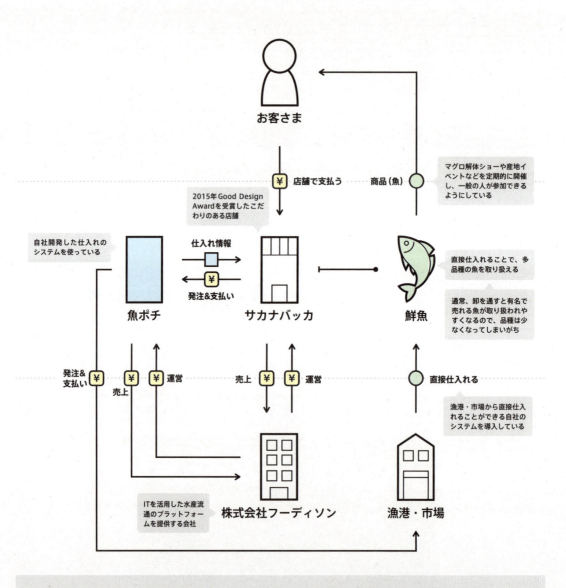

「魚屋」のイメージを変えるカフェのような店舗

僕が初めて「サカナバッカ」の店舗を見たとき、一般的な鮮魚店のイメージとはだいぶ違っていて驚いた。店名にサカナ（魚）という文字が入っていなかったら、おしゃれなカフェか何かだと勘違いしていたかもしれない。2015年にグッドデザイン賞を受賞するほど店舗のデザインにこだわっているのは、主な顧客層が30代の女性客だということも関係している。

商品にも力が入っており、スーパーにあまり並ばないような種類の鮮魚も取り揃えている。このことは、消費者が鮮魚に興味を持つきっかけとなっている。

農林水産省が2016年に発表した数字によれば、日本の漁業者は年々減っていて、10年前と比べると24.7％も少なくなっているという。そんな中、サカナバッカでは、産地（漁港）から直接魚を仕入れるシステムを導入している。

通常、卸を通すと売れる魚が取り扱われやすくなるので、どうしても少品種になる。しかし、産地から直接仕入れることで、多品種の魚を取り揃えることができる。また、マイナーな魚種を加工して流通させることで商品価値を生み、市場の活性化も狙っている。

自社開発した仕入れのシステムは「魚ポチ」と呼び、他の飲食店も使えるようにしたのも市場活性化策の一環。現在では1500種以上の水産品を累計1万以上の登録店舗に卸している（2018年7月現在）。BtoCのサカナバッカとBtoBの魚ポチは、それぞれが水産業の構造的な課題を解決するための重要な役割を担っている。

010
セイコーマート
セブン-イレブンも圧倒する地域密着型コンビニ

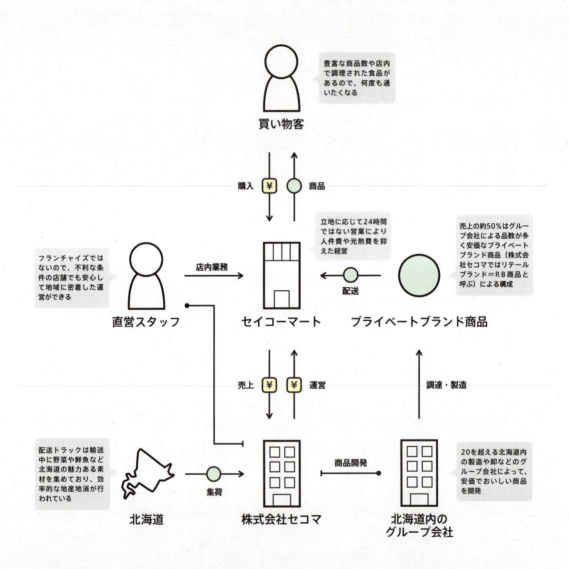

北海道の、北海道による、北海道のためのコンビニ

　北海道で人気のコンビニといえば「セイコーマート」。全国展開の店舗でないのにもかかわらず、セブン‐イレブンなどの大手コンビニエンスストアを差し置いて、2016・2017年度に2年連続で顧客満足度1位を獲得している。

　セイコーマートは大手のコンビニエンスストアと比べて特徴的な点が多くある。商品数が豊富、店内で調理した弁当がある、北海道産のPB（プライベート・ブランド）商品が多い、24時間営業ではない店舗が多い——などが一例として挙げられるが、これらの取り組みは同社の自前主義に理由があるようだ。

　単独店舗で利益を上げる必要のあるフランチャイズとは違い、直営が約8割であるセイコーマートは、川下の機能を持つ店舗だけでなく、川上の製造から川中の配送までを自社で持つことで、店舗ごとで売上を競わなくても、部門全体で収益をカバーできる構造になっている。たとえば、製造では直接調達を行うことで北海道の質の良い食材を安価に入手できるうえ、商品ラインナップの価格帯を揃えることができる。自前主義でないと価格帯にバラつきが出てしまい、人気差によって多様な商品を店舗に揃えることが難しく、結果的に買い物客の選択肢を奪ってしまうことになると同社は考えている。

　直営であることによって、地域に根ざした店舗展開も実現できている。たとえば、周辺住民が900人ほどしかおらず、4割が65歳以上の高齢者の地域では、13時間営業にして人件費や光熱費を抑えている。その一方で、品数の豊富な商品を提供することで住民からの高いリピート率が得られて、黒字運営にできている。条件の厳しい立地であっても従業員に無理を押し付けない経営姿勢も、店舗の運営が持続的に行える秘訣といえる。

　北海道の魅力をとらえて地域に根ざすことによって、大手にはできないビジネスモデルをつくり、強みを打ち出しているところが面白い。1つの業種でも、考え方によってはいろいろな経営方法があることに気づかせてくれる。

011
DUFL
「手ぶらで移動」を可能にする出張・旅行者向けサービス

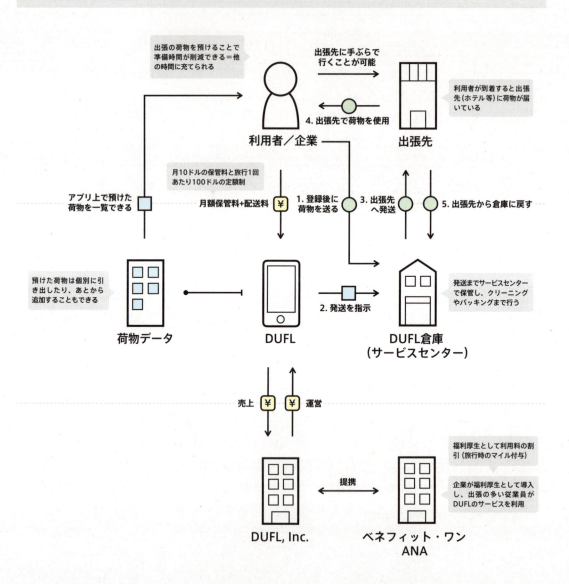

福利厚生サービスとして導入する企業も

　出張や旅行のために大きな荷物を準備したり、運んだりしなくてもいい。荷物は宿泊先のホテルへ送られているので手荷物だけで済む——。それを可能にするのが「DUFL（ダフル）」。

　DUFLは三井物産出身の塚本信二氏ら創業メンバー4人が長い間解消されなかった旅のストレスを解消したいという思いから2015年に米国で開始した旅行者向けサービス。現在はエグゼクティブ層がメインユーザーだが、サービスの継続率は99％の高さを誇る。

　同サービスに登録するとスーツケースが送られてくる。そのスーツケースに出張先での荷物を詰めて送ると倉庫で保管される。倉庫ではクリーニングされた状態で保管され、利用者はアプリ上で荷物の管理ができる。そして旅や出張に行くときは、出張先で使用する荷物をアプリで選ぶと、選択された荷物は倉庫でスーツケースに詰められ、宿泊先のホテルへ送られるという仕組み。到着すると自分の部屋に荷物が届けられているので、直接、客先を訪問できたり、手ぶらで移動したりできるというわけだ。

　米国の大手ホテルやコンサルティング会社、金融機関などが福利厚生の一環で導入しているという。日本では福利厚生サービス大手のベネフィット・ワンと提携しており、福利厚生サービスのひとつとして利用できる。

　サービスは各国の需要に合ったサービスにカスタマイズされており、日本ではゴルフ向けに展開している。ゴルフクラブやシューズがDUFLの倉庫に預けられ、配送だけでなく、掃除やメンテナンスも行って保管をしてくれる。配送だけならゴルフ便などはあるが、ゴルフ道具は家で保管するとスペースもとるし、掃除やメンテナンスも面倒。それらのストレスをすべて解決してくれる。

　今後の戦略としては、アプリ上のクローゼットにECサイトで買った商品を追加できたり、必要な衣服などを販売しているメーカーから借りてクローゼットに置けるようになったりといったサービスの展開を予定しているという。

MUD Jeans

012

オランダ発のリース契約制ジーンズブランド

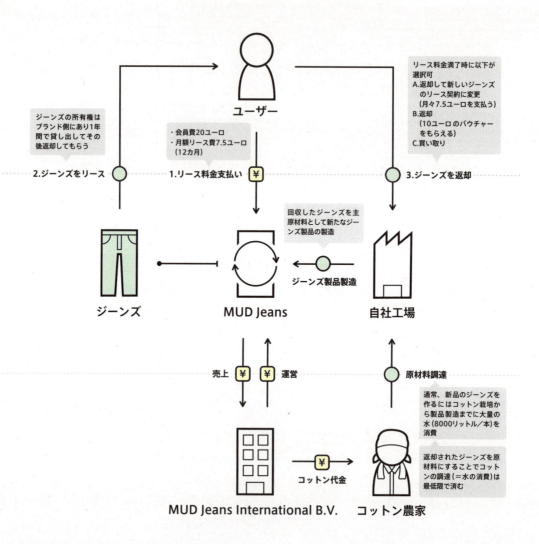

「買う」より「借りる」で実現する循環型消費

「MUD Jeans（マッドジーンズ）」はオランダ発のジーンズブランド。顧客に対して「買う」より「借りる」を推奨し、「所有」より「利用」を促している。

　MUD Jeansによると、ジーンズ1本を製造するのに、コットン栽培からジーンズ製品になるまでおよそ8000リットルもの水が必要といわれている。その一方で、飽きがきて、穿かなくなったジーンズがクローゼットに眠ってしまっていることがある。特に、世界の平均ジーンズ所有数が1人あたり1本なのに対し、オランダは5本というジーンズ大国。ユーザーが大量に所有するのが当たり前になっている。

　この課題に目を付けた同社は、使われないジーンズのために大量の水をコットン栽培に使用することはナンセンスだと考えて、循環型の消費サイクルを構築した。ユーザーとジーンズとの関係を「買って所有するもの」ではなく、「借りて利用するもの（返すもの）」へと変化させたのだ。こうして、返却されたジーンズを主原料としてジーンズを再製造することで、無駄な原材料調達を避けて、地球環境にとっても持続可能性のある循環型の仕組みをつくった。結果MUD Jeansの水の使用量はジーンズ産業における一般的なそれと比較し、およそ78%も削減されたという。

　ユーザーは、会員費20ユーロに加えて、月々7.5ユーロのリース費を支払う形でMUD Jeansからジーンズを1年間リースする。生地は同社が所有しているという考えに基づき、リース期間中の修理は無料。1年のリース期間満了タイミングで、ユーザーはA.返却して新たなジーンズを借りる（継続して月々7.5ユーロを支払う）、B.返却して、次回以降使用できる10ユーロの割引券を受け取る、C.買い取る、のどれかを選択できる。返却されたジーンズは、再処理され、新たなジーンズとして生まれ変わり、また新たなユーザーへ「貸出」される。

　こうした取り組みは高く評価され、環境・社会に配慮した事業活動に対して与えられる民間認証B-Corporation認証も取得している。すぐれたビジネスモデルは大量消費型の文化を持続可能な循環型に変えることができるのか？　期待したい。

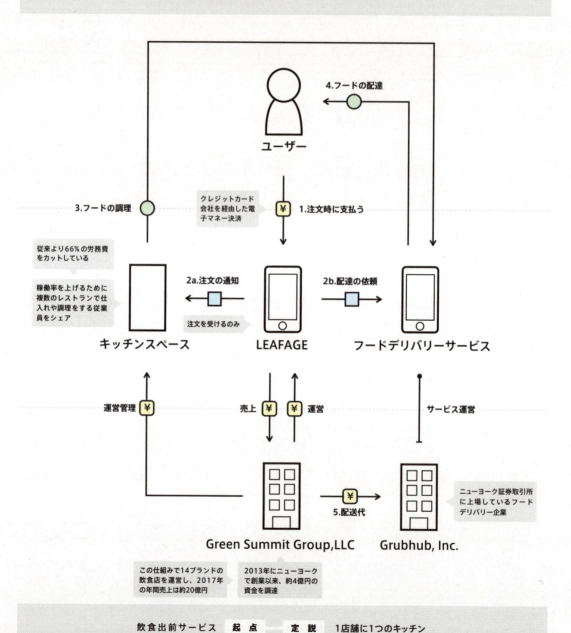

飲食店経営におけるジレンマを解消する仕組み

飲食店といえば、ふつうは「お客が店を訪れ、食事をするもの」だ。「LEAFAGE（リーフエイジ）」をはじめとする「バーチャルレストラン」「ゴーストレストラン」と呼ばれるフードサービスには、訪れる店がない。つまり、固有の実店舗を持っていない。

LEAFAGEは、ニューヨークで2013年にはじまったサービス。ユーザーがオンライン上で注文すると、指定の場所まで注文した料理を届けてもらえる。これだけ聞くと、「出前サービスと変わらないではないか」と思ってしまうが、すごいのは裏側の仕組み。

まず、HPやアプリといったオンライン上からの注文を受けると、工業団地や地下にある業務用「レンタルキッチン」に注文通りに調理するように通知が届く。同時に、提携するフードデリバリーのGrubhubにも配達要請が行われる。こうして、レンタルキッチンで調理された料理はフードデリバリーによって客の元へ届けられる。

運営会社は、レンタルキッチンへの使用料と、フードデリバリーへの委託料を支払う。レンタルキッチンは複数の飲食店でシェアされ、なかには10店舗でシェアするところもあるようだ。つまり、オンライン上では別々の飲食店なのに、調理される場所も調理するスタッフも同じということがあり得る。

このように固有に店舗もキッチンも持たず、注文が入ったときにだけキッチンとフードデリバリーの外部サービスを利用することで、経費を極限まで下げられるようになった。これまでの飲食店のビジネスモデルは、家賃や人件費などの固定費が経営を圧迫する傾向が強かった。また、米国では外食費が食料品の支出を上回り、自炊離れが進んでいるという背景もある。

飲食出前サービスの市場規模は、2020年には25兆円以上に拡大すると推測されている。全米シェア1位のGrubhub, Inc.は、2018年第1四半期決算で、売上が前年同期比49％増の約255億円と急成長している。

014 ライザップ

「結果にコミット」を支える徹底した仕組み化

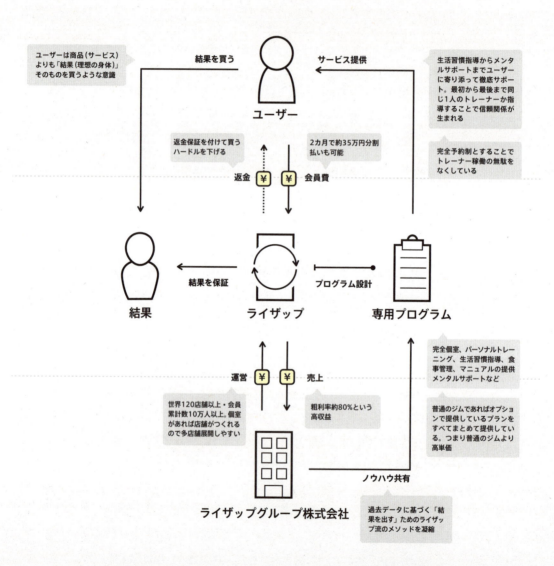

業界の常識を覆した「返金保証」

　ダイエットに挑戦するも、きつくて途中で投げ出してしまう……。そんな人々に対して「結果にコミットする」というキャッチコピーを掲げ、独自のトレーニングメソッドを提供するのが「ライザップ」。通常トレーニングジムとは、ジムに通うことに対してジム利用料を支払い、自己管理のもとで理想の体を目指すもの。しかし、「ライザップ」は付加価値の付け方がまったく違う。

　利用者は2カ月で約35万円というジムとしてはかなり高額な金額を払う（分割払いも可能）。ライザップは、利用者に対してトレーニングの指導はもちろんのこと、生活習慣指導からメンタル面まで利用者に寄り添って徹底的にサポートしてくれる。また、最初から最後まで同じ1人のトレーナーが指導してくれるから信頼関係が生まれ、利用者のモチベーションアップにつながっている。

　料金体系は基本的に回数が変わるだけで、サービス内容はどのプランも同じ。完全個室、パーソナルトレーニング、生活習慣指導、食事管理、マニュアルの提供、メンタルサポートなど、普通のジムであればオプションとなるサービス内容をまとめて提供している。完全予約制かつ完全個室なので利用者は自分の時間に合わせてストレスなくトレーニングに集中することができる。

　これらの仕組みは、収益性の高さと急成長にもつながっている。都内のマンションやビルの一室があれば完全個室の店舗をつくれるので多店舗展開しやすく、現在、世界120店舗以上、会員数は累計10万人を超える。また普通のジムであればジムの営業時間中はスタッフが滞在しなければならないけれど、完全予約制なのでスタッフの稼働の無駄がない。

　利用者の入会を後押しする最後の決め手が、返金保証。通常のジムであれば返金はありえず、利用者としては入会するのにどうしてもハードルが高いと感じてしまう。ところがライザップは、目標としている結果が2カ月で達成されなかった場合、全額返金される。つまり利用者はジムに通うというサービスではなく、理想の体という結果を買っている。そう考えると2カ月で約35万円という金額は安いと思えてくる。

015
citizenM

「世界中を動くビジネスマン」向けシェアリング型ホテル

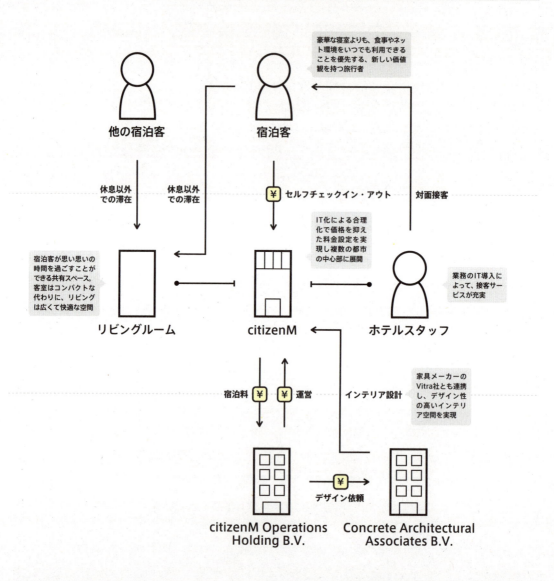

部屋を出て、ホテルの中で過ごす

　日本には進出していないけれど、海外で展開されている新しいスタイルのホテル。「citizenM（シチズンエム）」創業者の1人 Rattan Chadha 氏はこの事業を立ち上げる前、世界中を動き回りビジネスをしている人と接する中で、新しいスタイルの旅行者像を見出した。これからの旅行者は「高価なモノよりも、朝に快適なシャワーを浴びて常にネットワークが使える状態でカプチーノを飲む」といった新しいタイプのラグジュアリーを求めている。このようなビジネスやプライベートで頻繁に世界の都市を移動する人々のことを mobile citizen（ホテル名の由来）と名付けて、次のような点をホテルの考え方に取り入れた。

①リビングルームやキッチンで過ごすような場と時間
②セルフチェックインやカードキーによる部屋や食事の認証
③快適で広いベッド
④タブレットによる室内の操作ボタンの簡易化
⑤機能的なコンシェルジュではなく柔軟な対応のスタッフ

　特にユニークなのはリビングルーム。エントランスにはチェックインのカウンターがない代わりに広いリビングルームがあって、さまざまなタイプのテーブルや椅子とカフェが併設されているので、居心地よく過ごすことができる。宿泊客は寝て身支度をするとき以外の多くの時間をここで過ごしている。

　citizenMはヨーロッパや米国を中心に展開しており、2018年で13店舗、最近ではアジアの台湾にも出店した。ITを用いたチェックインの簡素化や、リビングルームを充実させている一方で寝室やサービスを効率化することによって、リーズナブルな価格帯の提供が実現できている。いつか日本にも進出して欲しい。

photo:citizenM hotels and Richard Powers

016
EVERLANE
「原価」を公表するファッションブランド

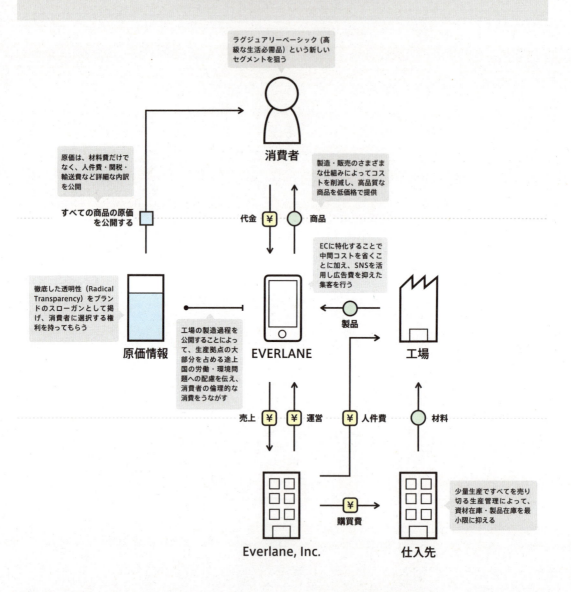

「業界のタブー」を冒して得た消費者の共感

　日本市場で縮小し続けるアパレル業界。バーゲンセールがはじまれば50%オフは当たり前。場合によっては80％オフなんてことも。この服の原価っていくらなんだろうと思ったことはないだろうか。

　2010年、米国サンフランシスコで創業した「EVERLANE（エバーレーン）」は、自社で製造・販売するすべての商品の原価を公表しているファッションブランド。材料の布、金具やファスナーなどのハードウェア、工場での人件費、関税、輸送費の内訳も公表する徹底ぶり。さらに、原価と同時に「Traditional Retail」（従来の小売であればどのくらいの価格なのか）を公表している。驚くことに、EVERLANEはほとんどの商品で、その価格と比べて半値ほどの価格で販売している。

　これを可能にするのが同社のビジネスモデル。従来のブランドは大きな路面店を出し、大量生産・大量販売で経済規模を追求してきた。EVERLANEはそれに逆行し、まず販路をECに特化することで中間コストを省く。また、製品を生活必需品に絞り、少量生産ですべてを売り切る生産管理によって、資材在庫・製品在庫を最小限に抑えている。

　公開しているのは、価格だけではない。アパレル業界の大量生産を請け負う発展途上国でのひどい労働環境が問題視される中で、EVERLANEは自社が委託する工場で「何をどのように生産しているか」の過程や現地の従業員の写真、取引開始までのエピソードまで丁寧に伝えている。これにより生産拠点の大部分を占める途上国から、労働・環境問題対策への共感を得ている。結果、ほとんど広告費をかけずに、口コミや紹介による集客を可能にしている。

　生産過程、原価、競合の値段を公表し、従来の小売が設定する価格と比べて半分の値段で提供できる仕組み。これらは従来のブランドから見ると間違いなくタブーだけれど、同社の掲げるスローガンは「徹底した透明性（Radical Transparency）」。そこに競合はいないことが、同社の一番の強みだと思う。

017

Neighbor

空きスペースを貸し出す「倉庫版Airbnb」

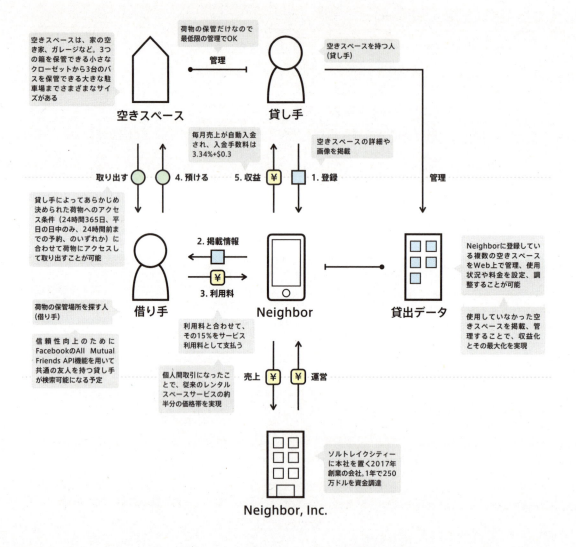

自宅の使っていない空間がお金に換わる

車を駐車するために使っていたガレージ、子どもが使っていたベッドルームなど、家の中を探すと使っていない空きスペースが意外とある。そんな空きスペースを収益化するサービスが「Neighbor（ネイバー）」だ。

Neighbor社は2017年に米国ソルトレイクシティーで創業され、たった1年間で250万ドルの資金調達を果たしている米国のスタートアップ。

空きスペースを持つ人と、荷物の保管場所を探す人々をつなぐプラットフォームであるNeighborは、「倉庫版Airbnb」とも呼ばれる。貸し手は、同社のWebサイトに空きスペースの詳細や画像を掲載する。借り手は、場所や広さから空きスペースを探すことができる。

同じように空きスペースを宿泊ユーザーに貸し出すAirbnbの場合、ユーザーを泊めるための準備や片付けが必要となるが、Neighborの場合は、荷物の保管だけなので最低限の管理で問題ない。一度荷物が運び込まれたら、何もせずとも毎月収益を得ることができる。

借り手は、貸し手が提示している利用料とサービス利用料（利用料の15%）を毎月支払う。個人間取引となったことで、従来のレンタルスペースサービスの約半分の価格帯を実現している。

荷物を取り出したいときには、貸し手によってあらかじめ決められた荷物へのアクセス条件（24時間365日、平日の日中のみ、24時間前までの予約のいずれか）に合わせて荷物にアクセスして取り出すことができる。

また、FacebookのAll Mutual Friends API機能を用いて、共通の友人を持つ貸し手を検索できる機能を追加予定。ユーザー間の信頼性向上にも取り組んでいる。

CARGO

ライドシェアビジネスで広がる「車内コンビニ」

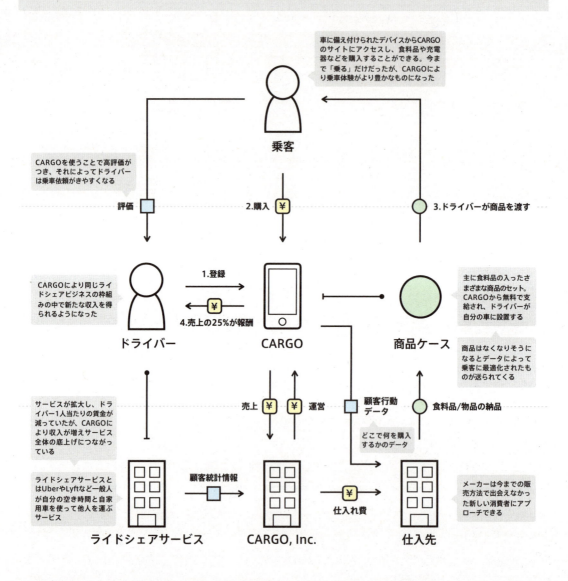

ドライバーは運賃以外の収益源を獲得

「CARGO（カーゴ）」は、UberやLyftなどのライドシェアサービスのドライバーの車内で、コンビニを実現するサービス。

CARGOが充電器や食料品の入った商品のセットを無料でドライバーに送り、ドライバーはそれを車内に設置。乗客は商品ケースに付いているコードからCARGOのECサイトにアクセスし、商品を購入できる。その売上の25%がドライバーに支払われるという仕組み。

こうしたサービスが生まれた理由は、米国のシェアリングサービス事情にある。米国では、シェアリングサービスで得られるお金を、単なるお小遣い稼ぎではなく主な収入源としている人が多い。そのため、仕事の回転率を上げるべく、66%のドライバーがサービスの掛け持ちをしている。また、乗客からの評価を上げて受注率をアップさせるため、無償で飲食物を配るなど点数稼ぎをするドライバーも少なくない。そうした事情を持つドライバーが手軽にはじめられるサービスとして支持を得ることになった。

このモデルの特筆すべき点は、今まで乗車運賃でしか稼げなかったドライバーに、手間をかけることなく、新たな収益源をつくり出したこと。さらに、ライドシェアサービスを使うユーザーがECサイトを使って商品を購入することで、ECサイトで取得できるデモグラフィックデータと、ライドシェアサービス特有の行動データ（場所・移動距離など）を紐づけることができる。このデータはCARGOだけでなく、商品を提供するメーカーにも送られ、新しい消費者チャネルを開拓することにつながっている。さらに、UberやLyftなどのライドシェアサービスの提供側からすれば、ドライバーの収入源が増えることにより、プラットフォームの底上げにもなった。

つまり、ライドシェアサービスにCARGOが乗っかることにより、同社はもちろん、ライドシェアサービス、ドライバー、乗客、メーカーの5者にとってプラスの関係が生まれている。同社は2018年現在870万ドルの資金調達をしており、シェアリングエコノミーに合わせたこれからの事業拡大が楽しみだ。

019

ブルーシードバッグ

熊本地震をきっかけに生まれた震災復興の新しい形

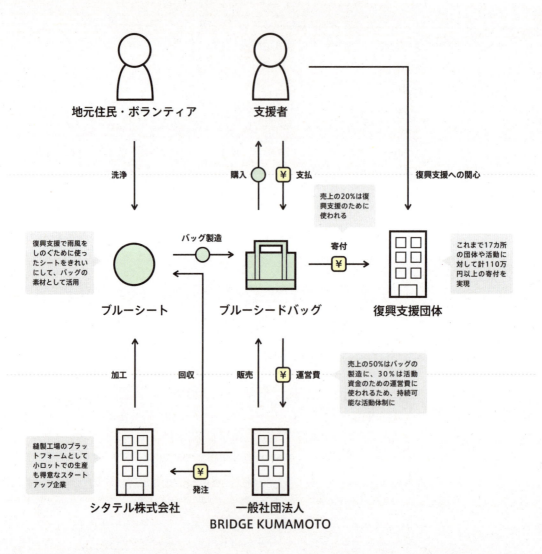

廃棄されるブルーシートがバッグに

2016年に起こった熊本地震をきっかけに、この事業は生まれた。地震が起こると、住宅の壁や天井がくずれることがあり、それらが雨風にさらされないようブルーシートを使うことがある。通常、使い終わったシートは活用先がないため大量の廃棄物となる。この住宅に敷かれていたブルーシートを災害復興のために使おう──。そう考えたのが、「ブルーシードバッグ」のはじまり。

資源の有効活用ができるうえに、実際に復興支援に使われた素材を使うことで被災地以外の地域の人々に復興支援のメッセージを伝えられる。このバッグは「復興の種」という意味で、ブルーシードバッグと名付けられた。

この取り組みがユニークなのは、商品開発と製造が被災地の内部で行われていること。バッグの素材となるブルーシートは復興の役割を終えたものを活用しているため、費用がかからない。災害復興で使用されたシートをきれいにし、商品に適した状態にする作業もボランティアの協力を得ている。風合いはシート1枚1枚少しずつ異なっており、災害や復興の記憶が刻まれている。製造は少量生産を得意とする地元スタートアップ企業のシタテルが協力し、品質が高く少量でも生産可能な体制を実現している。

販売で得た売上の用途は、透明性を高めるために内訳が公開されているのもすばらしい。売上の50％はバッグの製造に、30％は活動の運営に、20％は復興支援に寄付されているという。活動を持続していくためには運営や協力者に関わる活動資金が必要となるが、このプロジェクトは売上のほとんどが被災地である地元の熊本・大分のために使われている。売上が復興支援のために使われることで、購入者・支援者たちから高い共感を得ている。

020
BONOBOS
「売らない店舗」で稼ぐメンズアパレルブランド

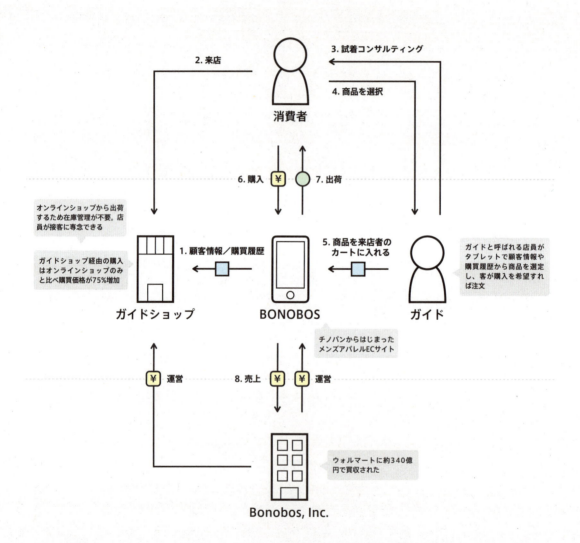

レジも在庫もないから接客に専念できる

米国発のメンズアパレルブランド「BONOBOS（ボノボス）」は、「ガイドショップ」と呼ばれるショールーム型の店舗をオープンしている。

この店舗では試着するための最低限の商品を展示しているが、販売するための在庫は持たない。どのように利用するかというと、顧客はまずオンラインショップから来店予約をして訪問し、ガイドによる1対1の試着コンサルティングを受ける。気に入った商品はガイドが持っているタブレットからQRコードを読み込むと自分のカートに商品が追加されて、ECサイトで決済をすることができる。

一般的なアパレルの販売店舗では、店員がレジ業務や在庫管理をする必要があるので、どうしても顧客対応の時間が少なくなりがち。しかし、ガイドショップでは販売をしないため、レジ業務も在庫管理も必要がない。そのためガイドは接客に専念できる。

ガイドが持っているタブレットには商品知識や顧客情報を表示させ、接客のときに活用している。サイズ、お気に入りのスタイル、来店履歴などの情報をもとに顧客に適した接客ができる仕組みをつくった。

ガイドショップ経由の購入は、オンラインショップのみでの購入と比べ購買価格が75％増加している。これは1対1の顧客体験がサービスの満足度を向上させたということ。

BONOBOSはもともと、バリエーションの少なかった男性用ボトムスにカラフルで着心地の良いアイテムを提供したいという思いから事業をスタートした。多くの男性が服の買い物に苦手意識を持っていることに着目し、「買い物の苦痛を徹底的に減らす」ことをコンセプトに、顧客満足度の向上に力を入れている。

2017年6月にウォルマートに約340億円で買収されたことで、ますます規模が大きくなることが期待されている。

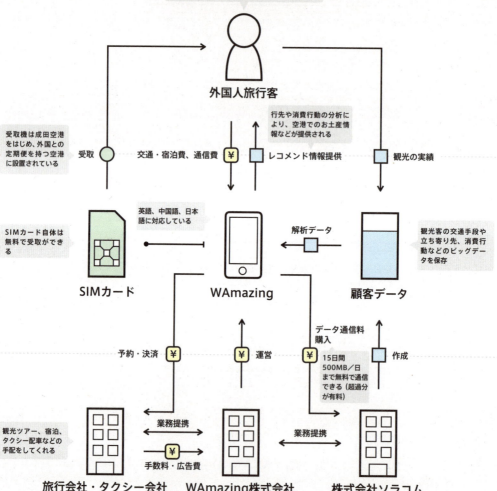

無料SIMカードで通信や決済もストレスフリー

海外旅行の経験がある人なら、「確かに!」と共感できるかもしれないが、現地に到着したときの「通信手段の確保」「移動する手段の確保」は旅行者の不便・不満になりやすい。

昨今の訪日外国人旅行においても、Wi-Fi環境などの無料通信インフラの整備や、言語由来による移動困難の解消が課題として指摘されている。日本は海外の国々に比べると無料通信の環境整備が充実しておらず、総務省と観光庁の調査によれば、訪日外国人旅行者が旅行中に困ったこととして最も多かったのは「無料公衆無線LAN環境の不備」らしい。さらに、訪日前に利用予定であったにもかかわらず、利用せずに終わってしまったもので最もギャップがあるものは「SIMカードの購入」であった。

これらの不便や不満をすべて無料配布SIMカードによってワンストップで解決するのが「WAmazing(ワメイジング)」というアプリサービス。訪日者は出発前にアプリをダウンロードしてクレジットカード登録をしておくことで、日本全国の空港に設置・配布している無料SIMカードを使って、無料通信、タクシー・観光ツアーの予約、決済までがワンストップで利用できる。SIMカードを通じて旅行の記録が蓄積されているため、帰りの空港で「お土産を買い忘れてしまった!」という旅行客に最適なリコメンド広告も届けられる。

現在、訪日外国人の約4分の1を占める台湾・香港の訪日観光客にターゲットを定めて、サービスをローンチさせている。サービス開始からわずか半年で1.2万人が利用し、資金調達は総額10億円の調達に成功。2020年時点で500万人が利用するプラットフォームにすることを現段階での目標にしている。

今は訪日外国人旅行者をターゲットにしているけれど、将来的には、日本人観光客に地方の魅力を伝えるなど観光客の幅を広げることで、観光による地方創生を実現することも視野に入れているという。東京オリンピックに向けて訪日観光客が年々増えている日本において、これからも目が離せない企業だ。

Warby Parker

022

自宅で試着してから購入できるメガネ

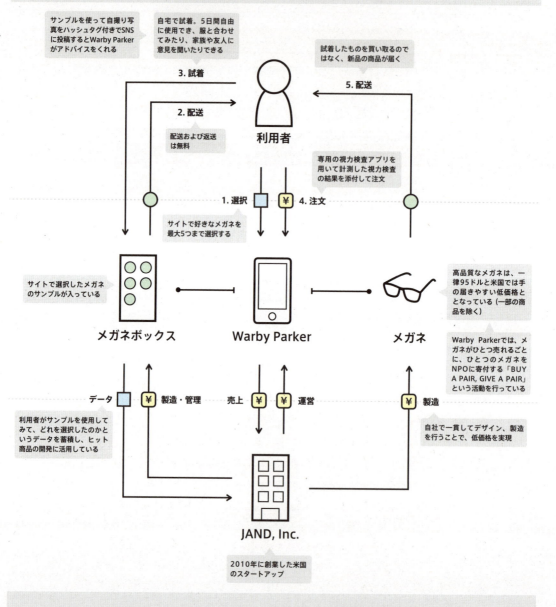

メガネ	起点	定説	お店で試着して購入するもの
		逆説	自宅で試着してオンラインで購入するもの

視力検査もアプリで簡単！

買ったメガネがあまり似合わなかった……。メガネを使う人だったら一度はしたことがある経験ではないだろうか。サイズ感の調整であればお店で対応してくれるが、メガネの交換をしにわざわざ店舗に行くのは面倒だ。そんな課題を解決するために登場したのが、購入前に自宅で試着できるメガネ「Warby Parker（ウォービーパーカー）」。

2010年に創業し、2.15億ドルの資金調達をした米国の大型スタートアップ。米国内各地に店舗をもつが、ユーザーが店舗に来ない場合でも、店舗と同等か、それ以上の試着体験ができる仕組みがある。

Warby Parkerのサイトに訪れたユーザーは、簡単なアンケートに答える。回答に合わせて利用者の好みに合うメガネを推薦してもらえるので、その中から好きなメガネを5つまで選べる。すると選んだメガネのサンプルが無料で自宅に届く。メガネは自宅で試着して、5日間自由に使える。まわりの目を気にせず服と合わせてみたり、外に持ち出したりすることもできる。また、サンプルを試着した自撮り写真をハッシュタグ付きでSNSに投稿するとWarby Parkerがアドバイスをくれる仕組みにもなっている。つまり、試着したユーザーがブランドの広告塔になるということだ。

最終的にお気に入りのメガネをひとつ選んだら、専用の視力検査アプリを用いて計測した視力検査の結果を添付して注文するだけ。サンプルのメガネは送料無料で返品ができ、ユーザーには新品が届く。

購入前に自宅で試着してもらうことで、メガネを買うときのユーザーの不安を減らすだけでなく、SNSによるプロモーションも同時にできている。また、最終的にどんなメガネを選択したかというデータを蓄積することで、次なるヒット商品の開発や在庫管理にも活用できる。データをもとに自社で一貫してデザイン・製造を行うことで、高品質であるのに一律95ドルという低価格を実現している。

023 フィル・カンパニー

「駐車場の上」に建物をつくって土地を有効活用

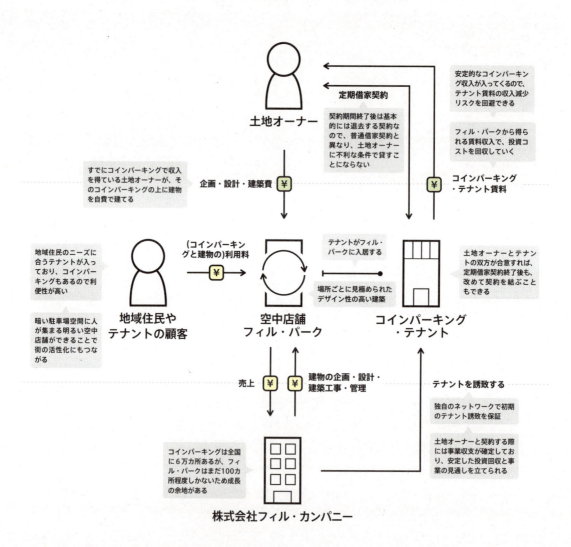

空地の有効活用	起点	定説	コインパーキングにするか建物を建てる
		逆説	コインパーキングの上に建物を建てる

入居するテナントも探してくれる

　土地の有効活用と聞いて思いつくのは、「居住用不動産を建てる」「事業用不動産を建てる」「コインパーキングにする」の3つだろう。一般的に事業用不動産（賃貸ビル・商業用施設など）は、建設にあたって多額の初期費用が発生するため、それを回収できるかどうかが最大のリスク。また、一度建ててしまうと簡単に壊せないので、建築にあたっては長期的なビジョンが必要になる。

　一方、コインパーキングは初期投資が少なくて済むので、土地を有効活用する際の心理的なハードルが低い。場合によってはあとから更地にして売却したり、建物を建てたりといった柔軟性を持たせることができるというメリットがある。しかし、デメリットとして収入が大きくないため、収入源としては心もとない。土地活用の従来の3つの方法は、土地オーナーにとってこうしたジレンマが存在していた。

　そこで、すでにある駐車場の上に建物を建てて、土地を二重に活用し、収入アップが期待できるのが株式会社フィル・カンパニーが運営する「空中店舗フィル・パーク」という事業。おしゃれなデザイン性の高い建築を、その場所に合わせて提案している。他にも、コストを下げるために、エレベーターを設置しないつくりにしたり、共有スペースを可能な限り削減したりして、土地オーナーの経済的な負担を減らしている。

　建物の設計・施工のみならず、テナント誘致まで行ってくれるのも特徴。建物を建てたものの入居者（テナント）が入らないというリスクをなくすため、フィル・パークが独自のネットワークで初期のテナント誘致を行ってくれるから安心だ。

024 日本環境設計

リサイクルを「しないといけない」から「したい」へ

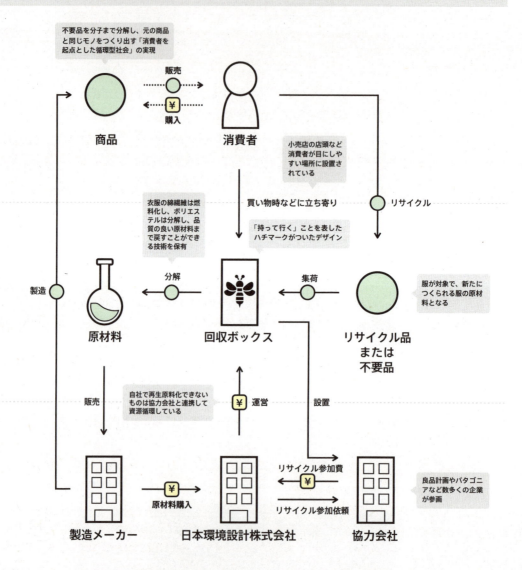

リサイクルのエンタメ化で世界を驚かせる

これほどリサイクルの概念を変えた会社があっただろうか。「日本環境設計」は、「独自技術の開発」と「まわりが協力したくなる仕掛け」で新しいリサイクルのエコシステムを構築した会社。従来のリサイクルは、「もったいないから〜」「環境のために〜」など、「しないといけない」というようなどこか義務感を持った活動だった。しかし、同社は思わず、「したい！」と感じる仕組みを構築することに成功した。

通常のリサイクルでは、原料レベルまで分解しないために、ほとんどが捨てられたモノと違う形に生まれ変わってしまう。しかし、同社は「綿繊維やプラスチックなどを原料レベルまで分解する技術」を開発することで、元と同じモノをつくり出すことを可能にした。

興味深い点は、その収益源。リサイクルの原料になる衣類やプラスチックなどを回収するボックスを200以上の企業や施設に販売している。「どの企業や施設も環境に良いことはしたい。そのための費用であれば、投資につながる」。企業側の想いに着目し、企業と消費者のwin-winの関係を構築することに成功した。

創業者の1人、岩元美智彦氏は、「消費者を基点としたサービス」にこだわったという。家庭ごみと産業ごみの量を比較すると、あきらかに企業を対象にしたサービスのほうが規模は大きくなる。だけど、どこかの企業が環境に良いことをしたとしても、消費者の心はなかなか突き動かされない。1人ひとりの消費者が、「自分が動かしているのだ」という実感を持ち、その想いが広まり、ゆくゆくは文化になっていくことを目指している。

極めつけは、リサイクルのエンタメ化によって世界を驚かせたことだ。映画『バック・トゥ・ザ・フューチャー PART2』の中で登場するタイムマシンのデロリアンが到着した2015年10月21日、消費者から集めた服からつくり出したバイオ燃料でデロリアンを走らせるというイベントを開催し、多くの反響を呼んだ。自分が服を回収ボックスに入れるだけでデロリアンが走るという、映画のような世界を目の当たりにすることで、リサイクルを「しなくてはいけないこと」から「したいこと」に変貌させたのだ。

025
FREITAG
廃棄される製品が「世界にひとつだけのバッグ」に変わる

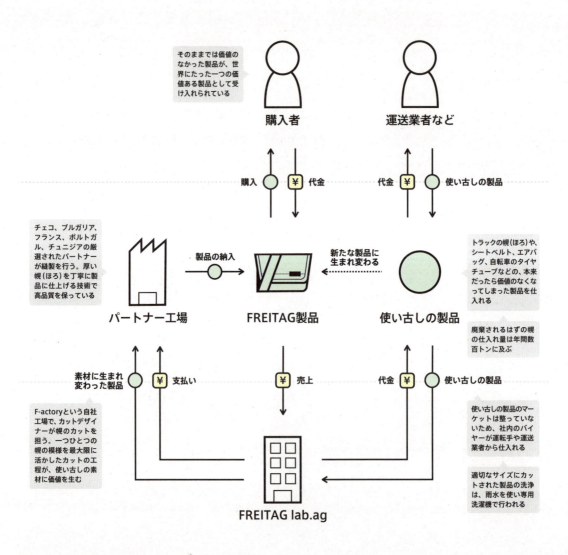

使い古しの幌やタイヤチューブが高品質のバッグに

「FREITAG（フライターグ）」は、1993年スイスのチューリッヒで生まれた、使い古しの製品を素材としてつくられるバッグなどを扱う製品ブランド。通常、高い品質が求められるブランド製品は使用する材料にも安定した品質が求められる。それに対してFREITAGは、品質の高さはそのままに、素材の持つバラバラさ（不均質さ）を「世界にひとつだけの価値」として提供し、ブランドの名を高めている。

はじめは、使い古しのトラックの幌、廃棄された自転車のタイヤチューブ、車のシートベルトを材料にメッセンジャーバッグをつくっていた。今では、製品のバリエーションも40点（バッグのみ）に増え、年間の製造量は約40万個に達する。どの製品も使い古しの製品を素材として扱っている。使い古しの製品の幌やシートベルトの仕入れ先はトラックの運転手や運送業者なので、調達する流れが整っていない。そのため「トラックスポッター」という社内のバイヤーが仕入れに奔走する。

もうひとつの重要な工程が裁断（カット）。それを行うのは「バッグデザイナー」と呼ばれるスタッフ。型とカッター、そしてデザイナー自身の感性を駆使し、一つひとつの幌の模様を最大限に活かすことによって、使い古しの製品が唯一無二の素材に生まれ変わる。そして、その素材はチェコやブルガリア、フランス、ポルトガル、チュニジアなどのパートナー工場の高い技術によって縫製され、高品質の製品となる。こうして本来だったら廃棄されるはずの390トンの幌が活用されており、環境貢献の意味合いも強い。

通常、ブランドには均質で安定した高品質が求められるが、バラバラで個性的な高品質な製品に価値を生み出したのが、このビジネスモデルの面白いところ。

026 サイゼリヤ

安いのに本格的な食材を使えるのはなぜ？

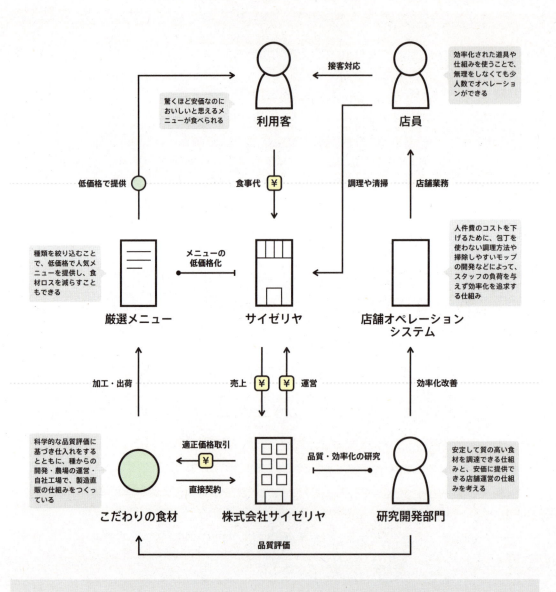

ファミレス業界では珍しく理系出身が多い

　浮き沈みの激しい外食チェーンの中で成長を続けている「サイゼリヤ」。行ったことがある人の多くが、メニューの値段が安いことにびっくりする。同業種の中でも低価格で、たとえばサイゼリヤの顧客単価は他のファミレスよりも100円以上安い。イタリア料理の専門家は「使っているのは質のよい食材でおいしいのに、どうしてこの価格で提供できるのか」と驚くらしい。その理由は、大きく2つある。

　1つめは、今までやっていたことを見直して経費を抑え、利益率を高めるための取り組みを徹底して行っていること。たとえばメニューの数は減らしていく一方で、強いメニューを1つでもつくることを重視している（ミラノドリア299円は定番人気メニューのひとつとなっている）。すると、結果として食材ロスが減り、作業効率もよくなる。無駄を省いたことで出た利益の一部は客に還元するために、また値下げをする。このような流れで客に喜ばれると同時に、店舗も利益が出る関係になっている。

　2つめは食材へのこだわり。食材の仕入れに関して、サイゼリヤでは価格の下限ではなくて食材の品質について下限を決めることを重視している。生ハムやサラミなどはイタリアの食品会社と直接契約を交わし、自社で畑を所有して米や作物の一部を育てることもしている。なぜここまで食材にこだわるかというと、味のおいしさの80％は食材で決まるから、と同社会長の正垣泰彦氏は著書で述べている。

　そのためサイゼリヤには、飲食業にはめずらしく理系出身の社員が多く、社内では研究開発部門を強化しているという。味を定量的に判断するために科学的な品質評価の仕組みをつくっていたり、店舗の運営を効率化するために専用の調理器具や掃除用具などの商品開発なども行ったりしている。こうして食材の品質にこだわりを持ちながらも無駄を省くことで、おいしい人気メニューを安価に提供するという、一見相反する2つの要素を両立させている。これが競合のファミレスとは違った強みとなっている。

027
b8ta
製品の「ベータテスト」を行うための小売店

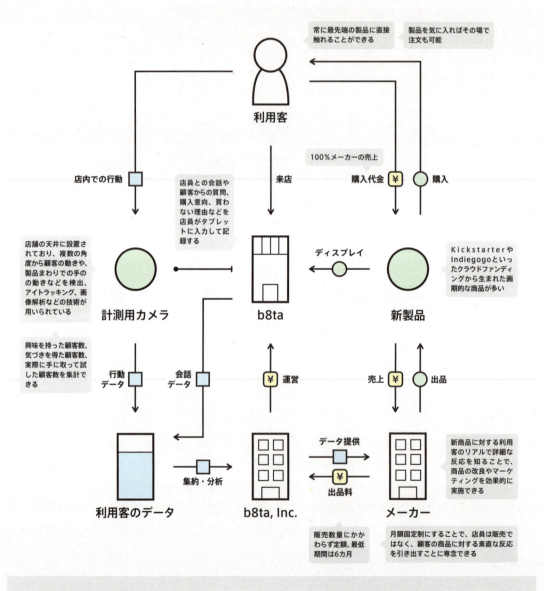

店員が製品を積極的に売らない理由

「b8ta（ベータ）」は製品を販売しながら、ベータテストと呼ばれる製品の運用試験を行うことができる小売店。米国西海岸のサンフランシスコなどに9つの店舗を持ち、店内にはKickstarterやIndiegogoといったクラウドファンディングから生まれた画期的な製品が多く並んでいる。VR（仮想現実）が体験できるゴーグル、ドローン、電動スケートボードなど見ているだけでワクワクするような製品ばかり。

利用客は常に最先端の製品に直接触れることができ、製品を気に入ればその場で注文することもできる。店内の天井にはカメラが設置されており、視線を計測するアイトラッキングや画像解析などの技術により複数の角度から利用客の動きや、製品まわりでの手の動きなどを検出することができ、「興味を持った」「気づきを得た」「実際に手に取って試した」顧客数を集計できる。

b8taの面白いところはそれだけではない。たとえば、あなたが一般的なアパレルショップで服を買おうと店内の商品を見ているとき、そのショップのスタッフは商品をすすめてくるだろう。しかしb8taのスタッフは、自ら話しかけてくることはほとんどしない。「商品を積極的に売ることをしないスタッフがいる小売店が成立するのか?」と思うかもしれないけれど、同社の場合はそれが成り立つ。なぜなら、メーカーは製品を販売して利益を得ることよりも、スタッフが利用客から自然な形で聞き出した質問、購入意向、買わない理由などの情報を得ることが目的になっているから。そうした状況をつくり出すために、b8taではメーカーに対して製品の出品料を月額固定制としている。それにより、スタッフは商品をすすめる必要がなくなったのだ。

得られた良質な定性データはチャットツールで24時間以内に、定量データはWebシステムにより、ほぼリアルタイムでメーカーのもとへ届けられる。こうしてb8taに製品を出品したメーカーは、商品の改良やマーケティングを効果的に実施できる。

b8taのこうした仕組みは高く評価され、スタートアップだけでなく大手企業も出品し、ソフトバンクのPepper（ペッパー）の米国進出の際のマーケティングでも活用された。

Vacation STAY

028

楽天グループが運営する「物件をハイブリッド活用できるサイト」

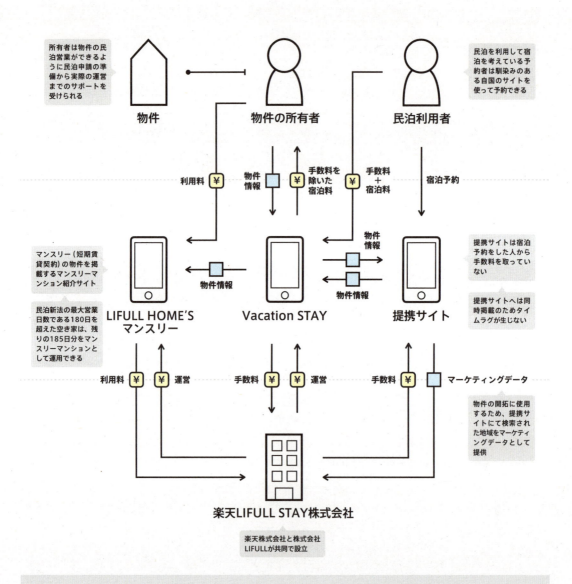

「マンスリー」としても貸し出せるので1年中稼働可能

物件の所有者と民泊利用者をつなげる仲介サイト「Vacation STAY（バケーションステイ）」。民泊仲介サイトといえば、Airbnbが代表格だが、同サイトは、ひと味違うサービスで差別化している。ちなみに「民泊」とは、一般の住宅を貸し出して泊まってもらうこと。

実は日本の空き家問題はけっこう深刻で、2013年時点で820万戸と過去最大。民泊はそんな問題を効果的に解消していく方法として注目されているけれど、2018年6月に定められた住宅宿泊事業法（民泊新法）では民泊として貸し出せるのは1年間で180日までと制限されていて、残りの半分以上が稼働できないことが課題だった。そこに目をつけたのが同サービスのすばらしいところで、マンスリーマンションとしても貸し出せる仕組みを備えている。つまり、「1年中貸し出せる」ということ。また、物件の所有者と民泊利用者から手数料をもらうことで成り立つビジネスだからたくさんの物件を確保することと利用者を増やしていくことは大事な要素になるが、その点についても同サイトは強みを持っている。

物件の確保については、株式会社LIFULLが保有しているネットワークを使って新規開拓を行っている。LIFULLはVacation STAYを運営している楽天LIFULL STAY株式会社の株主で、不動産・住宅情報サイトを運営している会社。全国で800万件以上の物件を取り扱っていて、物件情報量は業界トップクラス。ここにアプローチできることは大きい。

利用者増については海外の宿泊予約サイトと提携しているためVacation STAYに掲載すると同時に海外サイトにも掲載される仕組みを取り入れている。2018年7月時点で提携海外サイトは「Booking.com」「HomeAway」「途家」「AsiaYo」「Yanolja」の5社。日本に来る外国人旅行客の増加を考えると、物件情報をいち早く多くの人たちに見てもらえることは強み。民泊新法ができたのは最近なのでこれからの部分もあるけれど、空き家物件の多くは地方にあるため、民泊は地方活性化としても期待されている。民泊業界を盛り上げてくれることに期待したい。

ecbo cloak

お店の空きスペースを「コインロッカー」として使える

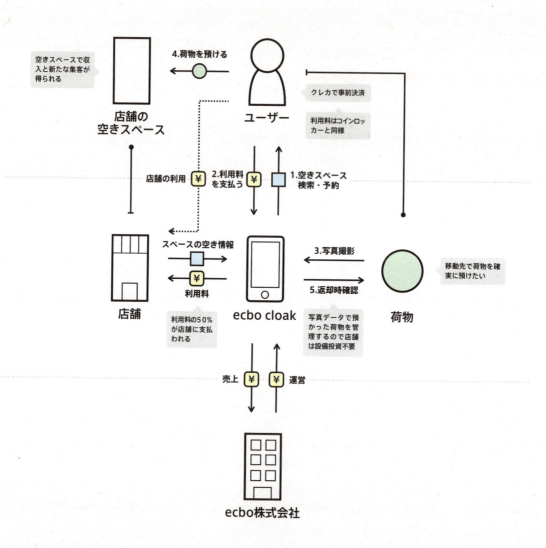

荷物を預かるお店は料金の50%が収入に

　旅先や、お出かけ中に荷物を預けたいけれど、いざ現地に行ってみるとコインロッカーが空いていない。コインロッカーを探し回って疲れ果ててしまったり、時間を無駄にしてしまったり……。そんな悲しい思いをしたことはないだろうか？

　「ecbo cloak（エクボクローク）」は、そんな問題を解決してくれる。ecbo cloakとは、カフェやショップなどの空きスペースを利用して、荷物を確実に預けることができるサービス。使い方も簡単で、荷物を預けたい人は、預ける場所を探して予約をするだけ。決済もクレジットカードで事前に済ませることができる。料金もコインロッカーと同様で、バッグサイズだと300円（税込）/日、スーツケースサイズだと600円（税込）/日。

　ユーザーは当日お店に行って、荷物を預けるだけ。預けたあとに荷物の写真付き証明メールがくる。荷物を受け取るときは、メールを見せるだけ。

　従来のコインロッカーのようにカギなどを持ち歩く必要もない。コインロッカーだと大きさが決まっていて入らなかった楽器やスキー用品、ベビーカーも、ecbo cloakなら預けることができる。

　お店側も空いているスペースを利用して収入を増やすことができるし、ついでにお店を利用してくれる客も増えて、一石二鳥。これまでリーチできていなかったユーザーにも来店してもらうこともできているそう。空きスペースを使うことにより新しい設備投資を行う必要もないので、気軽にスタートすることもできる。お店側は利用料の50%を手に入れることができる。

　最近はJRや日本郵便とも提携をはじめて、荷物を預けられる場所がどんどん増えてきている（JRの利用料金は600円から）。旅行に行く際、荷物を預ける場所に困ったらぜひ使ってみてほしい。

オイシックス

030

生産者の顔が見えるから「不揃いな野菜」でも安心

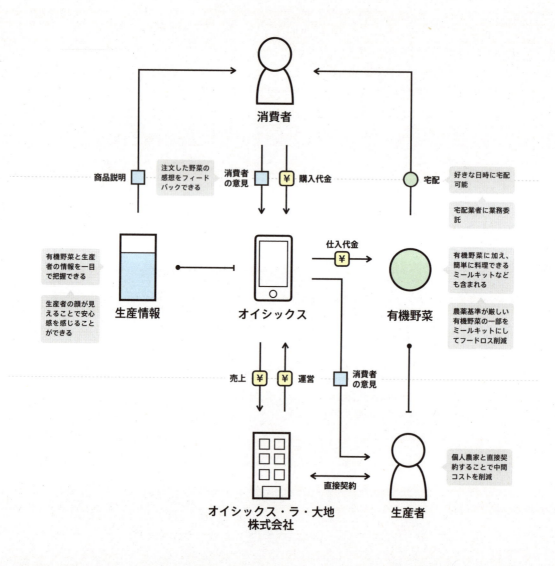

生産者のマーケティングや商品化もサポート

　本来、有機野菜は実物が見えず足も早いことから宅配での販売は不向きとされていた。そんななか、日本で初めて有機農産物の宅配を開始したのが「オイシックス（Oisix）」を展開するオイシックス・ラ・大地株式会社。ここ数年、競合であった「大地を守る会」「らでぃっしゅぼーや」を買収して成長を加速させている。企業のフィロソフィーとして、「消費者と生産者をつなぐこと」「生産者が報われ誇りの持てる仕組みを構築すること」などを掲げており、消費者、生産者それぞれから高い評価を得ている。

　オイシックスのサイトで特徴的なのは、生産者が栽培した商品に対する説明や生産者のプロフィールが一目で確認できるようになっている点。これにより実物が見えなくても安心して商品を選んで購入することができる。

　もともとメインターゲットを小さな子どものいる30代女性としていたこともあり、有機野菜だけでなく、時短で料理を楽しめるミールキット「Kit Oisix」なども提供している。「Kit Oisix」は種類も豊富で、何より簡単につくれておいしいと評判がよい。宅配も業務委託することで消費者の細かなニーズに対応できるようになっている。

　同社のサービスは消費者だけでなく生産者にとっても利用のメリットが大きい。たとえば、注文された商品に対して消費者が評価できるようになっているため、小売店販売では聞こえてこない購入者の声を直接聞くことができるようになっている。

　また、必要に応じて、生産者が栽培した野菜や果物について、マーケティングや商品化をサポートしている。たとえば、生でも甘くておいしく食べられるかぶを「ピーチかぶ」と名付けて売上を拡大させたり、農薬使用が制限されていて形の不揃いなものもミールキットとして販売することでフードロスを削減している。生産者としてもオイシックスを通じて商品を売ることでより多くのメリットを享受できる。

031

横浜DeNAベイスターズ
地域住民との距離感が近い野球スタジアム

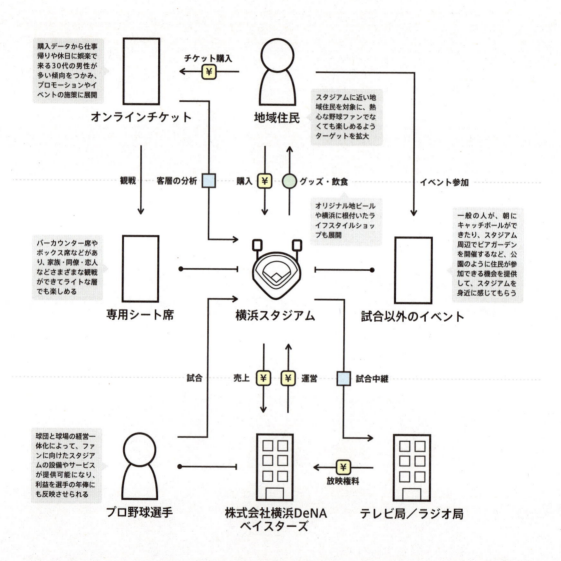

野球スタジアム　起点　定説　野球の試合を観戦する場
　　　　　　　　　　　逆説　野球をきっかけに楽しむ場

熱心な野球ファンでない人も楽しめる場所

　116万人だった2011年の年間観客数が2016年には193万人に達し、5年間で約1.7倍という急成長を記録した「横浜DeNA（ディー・エヌ・エー）ベイスターズ」。いまも横浜スタジアムは連日満席の状態が続き、それに応えるかのようにチームの順位もこの数年間で上昇傾向にある。

　観客数がこれほどまで伸びたのは、熱心な野球ファンだけではなく、仕事帰りの同僚・恋人・家族といったライト層も取り込んだことが大きな要因。

　ベイスターズは横浜の住民との距離をもっと近づけたいと考え、試合以外でもスタジアムとの接点をつくっている。たとえば、朝はグラウンドの中でキャッチボールができる日があり、出勤前に軽く運動したい会社員やプロ野球選手に憧れている子どもにとってはたまらなくうれしい場だ。他にもキャンプイベントやビアガーデンなどを開催することで、地域住民とスタジアムの距離感がグッと近くなった。こういった機会を通じて、「今度は試合を見に来ようかな」と思い、足を運んだ人はきっと多いはず。

　試合を観に行くと、家族で囲んで応援できるボックスシートや、お酒を飲みながら観戦できる立席のバーテーブルなど、用途に応じて楽しめるユニークなシートが用意されている。また、スタジアムでしか飲めないオリジナル地ビールや、野球ファンでなくても日常生活で使えるようなグッズも提供しており、ライトなファン層でも楽しめる要素がスタジアムの中にもたくさんある。

　これらの取り組みによって収益性が高まり、球団の経営状況がよくなると、結果として選手への年俸にも反映できるようになる。そうするとチームの団結力がより強化されて、観客もより試合を楽しめるようになる。それぞれの施策はもちろんユニークだけれど、それらを全体の仕組みからとらえてみると、スタジアムを通じて選手と地域住民がお互いに関係し合って野球を盛り上げているのが見えてきて面白い。

「モノ」のビジネスモデル
まとめ

「モノ」の章で紹介した事例は、さらに「モノのなかでも特に何が新しいか」によって「時空系」「製品・サービス系」「流通系」の3つに分類できる。

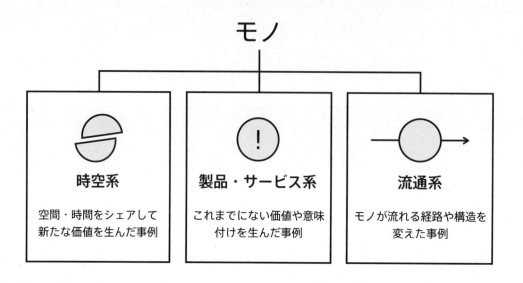

時空系
- Bulletin
- LEAFAGE
- citizenM
- フィル・カンパニー
- Spacious
- 俺のフレンチ
- Neighbor
- ecbo cloak
- CARGO

Spaciousは昼間のレストランの空き時間をコワーキングスペースにした。フィル・カンパニーはコインパーキングの上の空き空間を店舗に変えた。ecbo cloakは店舗の空きスペースを荷物を置く場所にした。

製品・サービス系
- PillPack
- オイシックス
- rice-code
- サカナバッカ
- EVERLANE
- 未来食堂
- Warby Parker
- ブルーシードバッグ
- ライザップ
- FREITAG
- Vacation STAY
- 横浜DeNAベイスターズ

EVERLANEは製品の原価をすべて公表することでファンを増やし、Pillpackは薬を一包ずつ取り出すことで飲み間違いを減らしている。

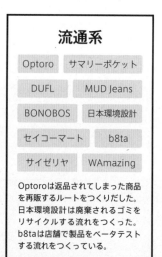

流通系
- Optoro
- サマリーポケット
- DUFL
- MUD Jeans
- BONOBOS
- 日本環境設計
- セイコーマート
- b8ta
- サイゼリヤ
- WAmazing

Optoroは返品されてしまった商品を再販するルートをつくりだした。日本環境設計は廃棄されるゴミをリサイクルする流れをつくった。b8taは店舗で製品をベータテストする流れをつくっている。

第2章

カネ

¥

新たな
「お金の流れ」
をつくる

第2章 カネ 新たな「お金の流れ」をつくる

「いますぐに現金化できる」「仮想通貨を活用する」「気軽に投資できる」など、これまでお金にならなかった領域や流れが滞っていた領域で新たにビジネスを生み出した事例を取り上げる。

Lemonade

032

保険の余剰金を寄付できるアプリ

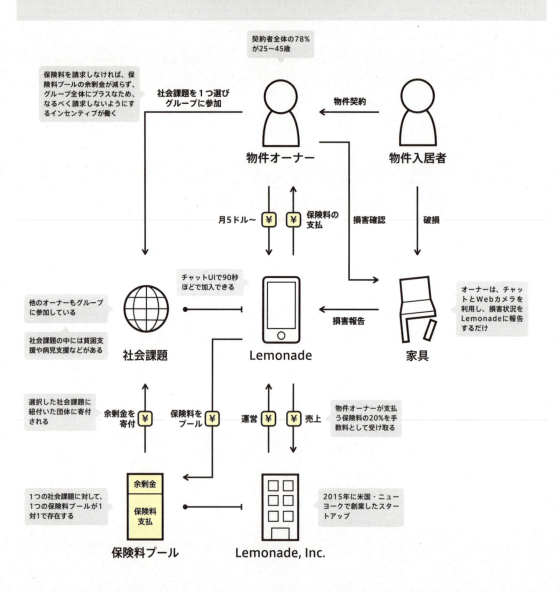

貧困支援などに関心がある物件オーナーにアプローチ

2015年に米国ニューヨークで創業した「Lemonade（レモネード）」は、物件オーナー向けに提供される家財保険サービス。月5ドルから加入できる。アプリで加入できるため、早ければ90秒程度で手続きが完了する手軽さが魅力。

創業者の2人は、もともと保険業界とは関わりがなかったため、同社は従来の保険会社とは異なる要素が多く、AI（人工知能）や行動経済学を取り入れたビジネスモデルを展開しているのが特徴。

最も特徴的なのは、物件オーナーは自らが興味・関心のある社会課題のグループに参加すること。社会課題の中には貧困支援や病児支援などがあり、さらに、そのグループごとに保険金のプールが用意されている。通常、保険料の余剰金は保険会社の利益になるものだが、Lemonadeは、保険金の余剰金が社会課題に関係した団体に寄付されるという設計になっている。

このような仕組みであるため、物件オーナーは、家具の損壊によって保険金を引き出さないほうが、余剰金がたまって、より多額の寄付ができるようになる。これは同じグループに所属する他のオーナーも一緒。つまり、保険金の余剰金を減らさないために、なるべく請求しないでよいようにするインセンティブが働く。

「共感する社会課題に寄付する」という制度設計にすることで、社会課題に関心のあるミレニアルユーザー（米国で2000年代に成人あるいは社会人になる世代）に対して効果的にアプローチしている。

2018年7月現在、同社はニューヨークやカリフォルニア州など20の州で保険サービスを提供している。日本のソフトバンク社がLemonadeに対して1億2000万ドル（約135億円）の出資をしたことで話題になったが、日本市場への参入の話も出てきている。

033
ポルカ
友達から「お金をちょっとだけ支援してもらう」アプリ

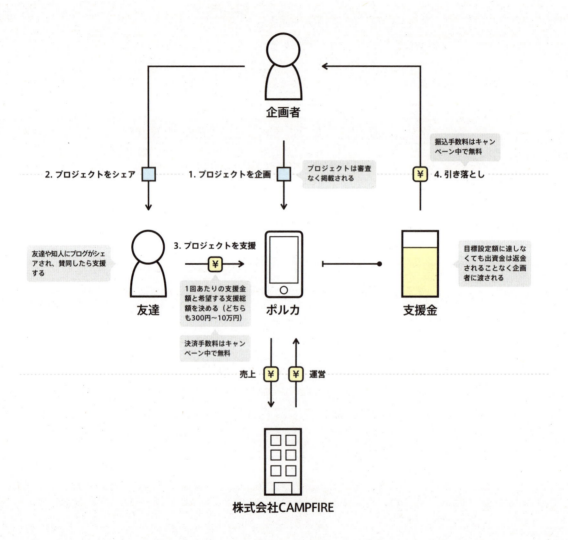

「300円＋審査なし」のクラウドファンディング

「ポルカ（polca）」は、クラウドファンディングで有名な株式会社CAMPFIREの新サービスで、友達に300円から（最大10万円まで）寄付を募れるアプリ。支援してくれた人にお返しをするのはクラウドファンディングと同じだが、友達から資金調達するということから、同社は「フレンドファンディング（friend＋funding）」と称している。

このサービスのポイントは、300円からという少額支援を可能にしたことによって、プロジェクト立ち上げの審査をなくしたこと。だから支援を募るユーザーは、思い立ったらすぐにプロジェクトをはじめられる。こうした特徴は、「お金をもっとなめらかに。お金でもっとなめらかに。お金がコミュニケーションとともにある世界を目指して」という企業理念にもあらわれている。

ポルカのサービスを観察していると、「パソコンが壊れたので新しいMacBookが欲しい」といった利己的かつ切実なプロジェクトは、なかなか支援が集まりづらいようだ。「そんなに切実なら自分でお金を出そうよ」というように支援する側に思われてしまうからかもしれない。一方、NPOなどの利他的かつ切実なプロジェクトは支援が比較的集まりやすいため、最近はNPOが続々とポルカを使う事例が増えている。また、「人の金で焼肉食べたい」のような利己的かつ切実ではないプロジェクト（あきらかにネタ系）が意外にも支援が集まりやすい点も興味深い。これも少額から支援できるサービスだからこその現象だろう。

どちらかというと支援金額の多寡よりも、「支援者とゆるやかにつながることができる」という点がユーザーに受けているようだ。サービス提供開始1カ月でユーザーは3万人を超えるなど人気を集めている。なお、2017年にスタートした同サービスは、まだ手数料をキャンペーンで無料にしており、お金を生み出す仕組みが構築できているとはいいづらい。ユーザー数が伸びたあとにどうマネタイズするか、今後のアップデートに期待したい。

タイムバンク

「時は金なり」を実現。時間を売買できるマーケットプレイス

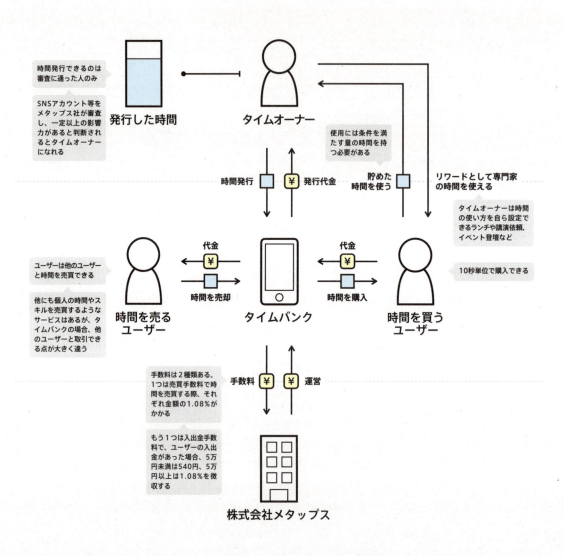

個人の時間が売り買いできるようになる

「タイムバンク（Timebank）」は、個人の時間を売買できるプラットフォームサービス。オンライン決済やデータソリューション事業を手がける株式会社メタップスが運営している。

まず経営者やスポーツ選手などの有名人や専門家が「時間発行」を申請する。時間発行とは、一般の企業でいう株式上場のようなもので、企業の場合と同様に審査が求められる。タイムバンクの場合は、「影響力スコア」が判定基準になる。具体的なロジックは公表されていないみたいだが、申請者のSNSのフォロワーや投稿内容から判断しているらしい。

ユーザーは審査に通った有名人たちの時間を10秒単位で売買できる。ユーザーが時間を買うメリットのひとつは「リワード」があること。リワードとは10秒単位で売買できる時間を一定以上集めたユーザーに送られる権利。「経営者からコンサルティングを受ける権利」「歌手のプライベートライブを聴く権利」など種類はさまざま。お目当ての有名人に会うために時間を買っているユーザーもいるはず。

もうひとつのメリットは、「時間の売買」。この売買システムこそ、その他のサービスと差別化できている点。スポットでコンサルティングや家事代行をするサービスはたくさんあるが、それらはあくまでもお金を払うこととサービスを受けることがリンクしている。タイムバンクの場合は、時間を買ってもサービス（リワード）を受ける必要がない。他にその時間を欲しい人がいれば売買して差益を稼ぐことも可能だ。もちろん、リワードも受けず売買もせず、ただ保有するという手もある。

昔から「時間はお金で買えない」といわれてきたが、同社はこの常識を覆すことになった。これまでとは違う意味で「時は金なり」を実現してしまったすごいサービスだと思う。

035
CASH

写真を撮るだけで、持ち物をすぐ「現金化」できる

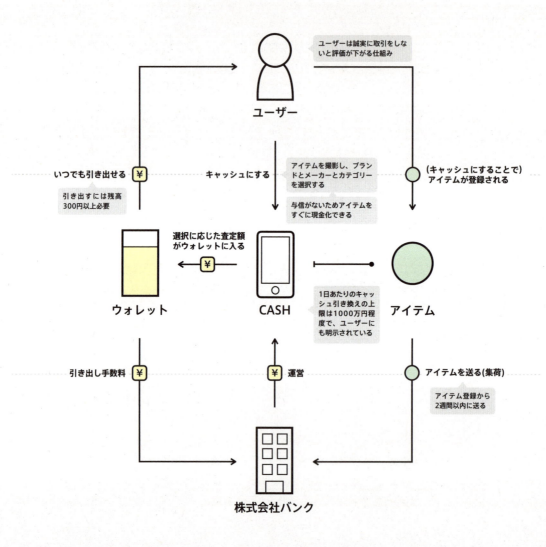

| 中古品を売る | 起点 | 定説 | 売るのが先で現金は後 |
| | | 逆説 | 現金が先で売るのが後 |

人を信頼して最初にお金をわたす

お金が今すぐ必要だけど、持ち物を売ってお金に換える時間さえない。そんな状況でも、すぐに現金が手に入る仕組みを実現したのが、持ち物をすぐに現金化できるアプリ「CASH（キャッシュ）」だ。シンプルだがよく考えられた仕組みで、次の3ステップで完了してしまう。

①対象のアイテムを写真で撮る
②アイテムのブランド／メーカー／カテゴリーを選択することでアイテムが査定されアイテムが現金化される
③商品を2週間以内に配達

アイテムの写真を撮るだけで、すぐに現金化できるのは、アイテムのブランドやメーカー、カテゴリーで査定する仕組みだから。その査定額がウォレットに入り、ユーザーはすぐに現金を引き出すことができる。アイテムの配送がアプリから簡単に操作できることも、時間がない現代人にとって魅力的に感じる点だろう。

基本の仕組みは今まであった中古品買取サービスだが、「先にお金が手に入り、商品を後から送る」という逆説が効いている。

仮にこの仕組みを思いついたとしても、リスクが大きくて実現するのは難しい。「人を信じ、従来の仕組みを変える」という企業としての強い想いがあったからこそ、サービス開始からわずか16時間で3億円以上が現金化され、2017年11月に合同会社DMM.comに70億円で買収されるほどのインパクトが生まれたのだろう。

036
ALIS

信頼できる「記事」と「人」がわかるメディアプラットフォーム

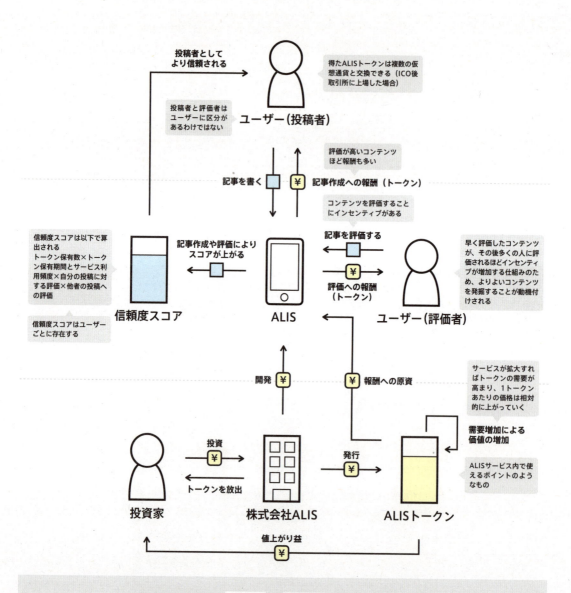

メディアのビジネスモデル　起点　定説　広告収益に頼るPV主義
　　　　　　　　　　　　　　　　逆説　広告収益に頼らない評価主義

ブロックチェーン技術で信頼できる記事がわかる

昨今、ネット上のコンテンツの質が問われているが、「ALIS（アリス）」は信頼できる記事と人がわかるメディアである。

そもそもこのサービスは、「ネットメディアは、従来のような広告収益モデルに頼ると、どうしてもPV偏重になってしまう」という問題意識を前提にしている。PVを稼ぐことに経済的なインセンティブが偏るために、コンテンツの質の低下が起きやすい状況になっている、というわけだ。

ALISは、こうした現在の構造的な課題を仕組みで解決しようとするメディアプラットフォームである。

このメディアのすごいところは、記事を書いた人に金銭的なインセンティブがあるだけでなく、記事を評価した人にも金銭的なインセンティブが発生する点だ。しかも、すぐれたコンテンツをいち早く発掘すると、よりインセンティブが高まる。よりよいコンテンツを発掘することが動機づけられているのだ。

記事の投稿者は、記事の評価が高いほど報酬も多くなる。記事作成や評価によって「信頼度スコア」が上がり、投稿者としても信頼されるようになっていくのだ。

「インセンティブの原資は、どこから出てくるの？」と思うかもしれないが、その点は仮想通貨による資金調達（ICO）によって解決している。記事の投稿者と評価者は、ALISが仮想通貨取引所に上場後は獲得した報酬（トークン）を自由に複数の仮想通貨と交換できるようになる。

従来型の投稿広告収益モデルに頼らず、よりよいコンテンツが評価されるエコシステムをつくっているところが、同メディアが従来のメディアと差別化できている点であり、一番の強みといえるだろう。

037
Mobike

なぜ、中国のシェア自転車のマナーは改善したのか?

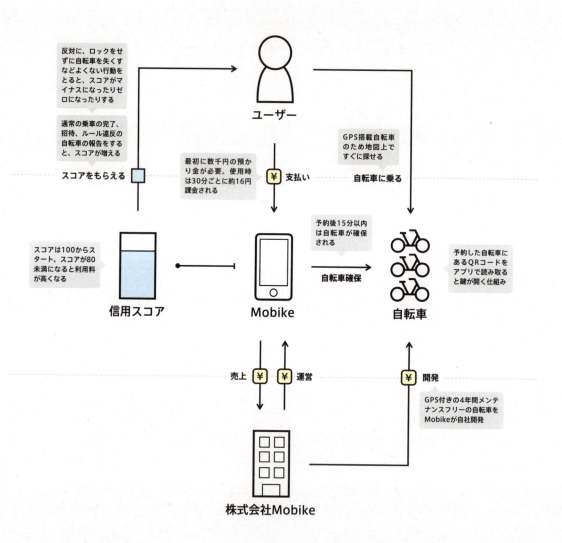

シェア自転車戦国時代を生き抜けるか？

　話題の自転車シェアリングサービス「Mobike（モバイク）」は2016年4月に上海でスタートした。2018年現在、世界200以上の都市で2億人以上の登録者がいて、800万台の自転車は多い日には1日あたり3000万回利用されている。これまでに自動車124万台分のCO_2を削減できているそうで、環境にもやさしい。

　このサービスがよくできている点は、よいことをするとスコアがもらえて、よくないことをするとスコアが下がって使用料が高くなってしまう仕組み。これまでも自転車のレンタルサービスは存在していたけれど、返却されなかったり、盗まれたり、壊されたりする問題があり、ユーザーの倫理観が求められる、なかなか難しい領域だった。このような自転車シェアビジネス特有の課題を信用スコアにもとづくインセンティブとペナルティによって解決しようとしている。

　利用者拡大にもスコアが使われていて、ユーザーが友だちをMobikeの利用に招待するとスコアをもらえるようになっている。

　MobikeはWeChat（中国のメッセージングアプリ）から使えるようになっていて、決済もWeChat Payというスマホ決済を利用できる。Mobikeに乗るまでのハードルをかなり低くしているところもさすが。

　利用料以外の収入としては保証金の運用収益が挙げられる。1人当たり約4800円（299元）の保証金が1000万人分あるので、数％の利回りで運用投資しただけで億単位の収益になる。

　Mobikeは、すでに日本にも上陸している。札幌からはじまり、全国に広がっていきそうな予感。2017年12月にはモバイク・ジャパンとLINEが資本業務提携をしている。

　ドコモ・バイクシェアやメルカリ、コンビニ各社も自転車シェアリング事業に乗り出しており、この市場は徐々にレッドオーシャンになってきている。それぞれの国でのマナーや文化、設置場所の豊富さ、アプリと自転車の使いやすさ、決済のスムーズさが事業拡大のカギになりそう。

038
Fundbox

フィンテックで「資金繰りに困った」を解決

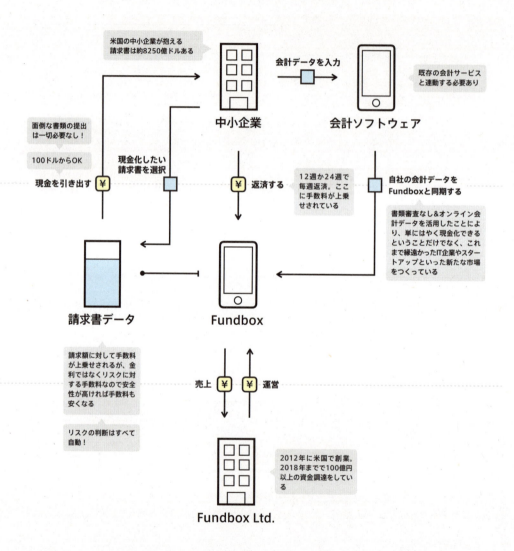

売掛金を書類審査ゼロですぐに現金化できる

他社の売掛金を買い取り、それを回収する金融サービスは、一般に「ファクタリング」と呼ばれる。この分野で今、すごい勢いで伸びているのが「Fundbox（ファンドボックス）」という米国の企業だ。

すでに1億ドル以上を資金調達している。もともと需要がある領域で、特別新しいわけでもない。にもかかわらず、なぜ同社は大きな成長を遂げて、多額の資金調達をできたのだろうか。

一般的に、ファクタリングには書類の審査がある。売掛金を買い取る際のリスクをなるべく正確に判断したいからだ。実は、これがとても面倒で、書類の提出などに手間がかかる。しかし、Fundboxには書類審査が一切ない。オンライン会計ソフトウェアとの連動を必須にすることで、審査レスを可能にしている。ここから企業の会計データを読み込み、自動的にリスクを算出、リスクフィーとして手数料を上乗せしているのだ。

中小企業などスモールビジネスの場合、銀行から融資を受けること自体が難しく、資金繰りに困ったときに打てる手が少ない。そんなとき請求書をもとにその売掛金をすぐに現金化できる。しかも面倒な書類提出などがなく、手持ちの会計データを同期させればすぐに現金を引き出せる。

これまで資金繰りに困っていてもファクタリングを利用しなかったスタートアップ企業なども続々と申し込み、すでに10万社以上の企業が利用している。

Fundboxは、今流行りのフィンテック企業だが、技術力と市場の目のつけどころが強み。新たな市場を切り開いたことが評価されている。現在はさまざまな類似サービスが出てきているが、資金繰りに困ったときの助け舟は選択肢が多いほどいい。日本にも、このような便利なサービスがどんどん生まれることを期待したい。

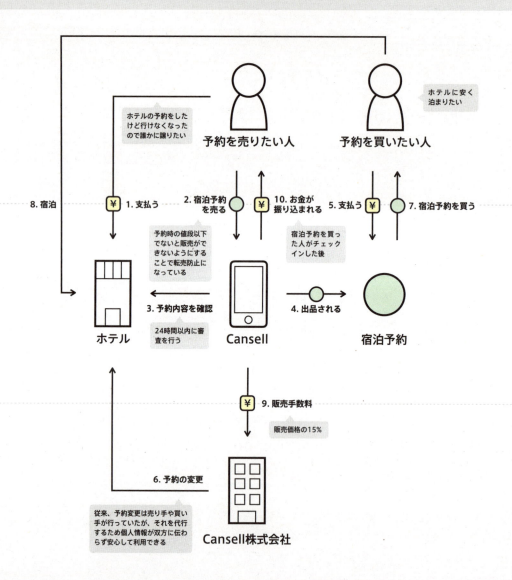

宿泊権利を購入した人はお得な価格で泊まれる

ホテルを予約していたけれど、急用でどうしても行けなくなってしまった……。そんなとき、通常はキャンセル料金が発生してしまうもの。

しかし2016年9月に公開されたWebサービス「Cansell（キャンセル）」を利用すると、自分の宿泊予約を売ることができる。つまり、宿泊予約の「権利」を売買できるのがこのサービスの大きな特徴になっている。

逆に、ホテルに泊まりたい人は、Cansellを通じて宿泊予約を安く買える。なかには70％オフの価格付けもあってたいへんお得。宿泊予約を買った人がチェックインしたあと、宿泊予約を売った人にお金が振り込まれる。

このようなサービスの場合、営利目的の高額転売の問題が起きそうなものだけれど、それを防ぐために必ず予約価格以下で成約する仕組みが設けられている。

2018年3月には、法人向けのプログラムとして、無断で利用者がキャンセルしたときなどのキャンセル料を保証するサービスをはじめた。これまでは、ホテルと直接のつながりがなくても成り立つサービスだったが、同プログラムをきっかけにホテル側へのメリットが増えて、ホテルとのつながりがより強まる傾向があるのも事業基盤の強化につながりそう。そうなると、Cansellはただの宿泊権利のマーケットプレイスにとどまらず、ホテルの課題解決をしていくビジネスとして進化していくことになる。

ちなみに、「can＋sell」と「cancel」をかけ合わせたネーミングも、サービスとリンクしていてわかりやすい。2018年7月には、サービスをリニューアルし、デザインが一新され、ホテルの比較検索機能を実装するなど機能強化をはかった。

Unipos

040
働く仲間同士が成果給を送り合う仕組み

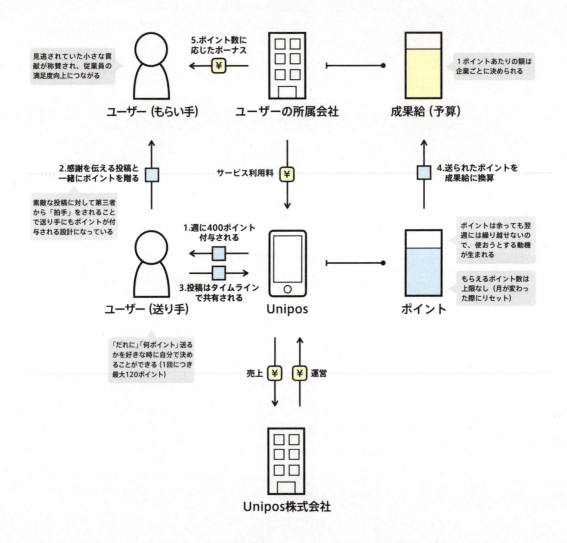

メルカリも導入している「新しい成果給」

　社員の目に見えづらい成果をどう適正に評価するかは、多くの企業にとって重要な課題。それを社員同士が送り合う成果給（ボーナス給）という仕組みで乗り越えようとしているのが、「Unipos（ユニポス）」という成果給の仕組み。日本生まれの同サービスは、今話題の企業「メルカリ」でも導入されている。

　Uniposの特徴は、売上や利益などの卓越した成果ではなく、目に見えづらいさまざまな貢献や成果に対して、上司から部下ではなく社員同士が評価するところ。たとえば、「オフィスのゴミを片付ける」といった行為は見過ごされがちで、成果として評価されづらい。Uniposでは、このような小さな会社への貢献を目撃した社員が、相手の人に対して成果給に換算可能なポイントを付与できる。こうすることで会社への小さな貢献が可視化されていく。

　同サービスの仕組みの秘訣は、金銭的なインセンティブを強めすぎなかったことだと思う。成果給の金額が大きくなりすぎると、見返りを求めすぎてしまう。要は、「褒められないとやらない」という状態になってしまうのだ。Uniposの場合、1ポイントあたりの金額は企業側が自由に決められる仕様になっているけれど、1〜5円程度にすることをすすめている。1回につき付与できるポイントは最大120なので、せいぜい600円。缶ジュース1本分からランチ代くらいという絶妙な金額設定だ。また、付与するポイントが余っても翌週に繰り越せないという仕組みも秀逸。これによってどうせだったら使おうという動機が生まれる。

　売上や利益などの定量の成果が優先されがちな従来の給与体系の中で、目に見えづらい気遣いなどの定性的指標は埋もれがち。同じように社員同士で評価し合う360度評価は半期に1回程度の頻度になってしまうが、Uniposはリアルタイムに評価しフィードバックできるため、日々の活動の動機付けにもなる。企業の社会性が重要視されている中で、Uniposのようなピアボーナス（仲間からもらう成果給）の仕組みは今後ますます広がりそう。

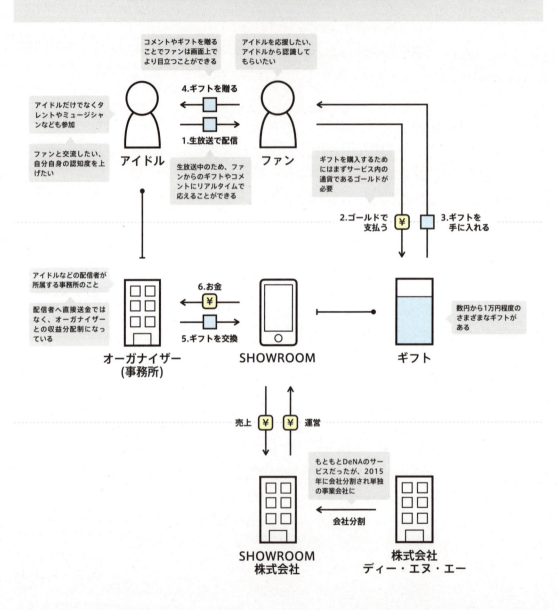

ネット上で「ギフト」を贈るファンたち

「SHOWROOM（ショールーム）」は、ネット上で誰でもライブ配信や視聴ができるサービス。アーティストやアイドル、タレントなどの配信が無料で視聴できることから人気を集めている。特にAKB48や乃木坂46などの人気アイドルグループやタレントが生放送でトークをしたり歌ったりするのを視聴できるのは、彼女たちを応援するファンにとって大きな魅力だ。

SHOWROOMの最大の特徴は、「ギフト」というシステムにあらわれている。アイドルやタレントのファンはギフトを購入し、生放送中にギフトで応援することができる。ギフトには数円から1万円程度のものまでいろいろな種類がある（直接送金ではなく収益分配制）。

画面自体がライブ会場のようなデザインになっていて、ファンはギフトを贈ることによって画面上で目立つポジションに陣取ることができる。目立つほどアイドルから認識される可能性が増すため、ファンにとっては贈り甲斐もある。

自分が応援しているアイドルにリアルタイムで直接ギフトという名の応援する気持ちを贈ることができ、さらには、アイドルに認識してもらえる可能性も上がる。実際、生放送中にお礼を言ってもらえることもあるので、ファンはうれしい。これまでアイドルの応援といえば、グッズ購入やライブでの応援がメインだったが、SHOWROOMはギフトで直接応援し、交流できるようにしたのがすごい。

現在ライブ配信をしているのはアイドルが多いが、この仕組み自体はいろいろと応用できそう。ただ、射幸心を煽りすぎる方向に進むリスクもある。それを仕組みでどう解決していくかに期待したい。

paymo

簡単に「割り勘」ができるキャッシュレスアプリ

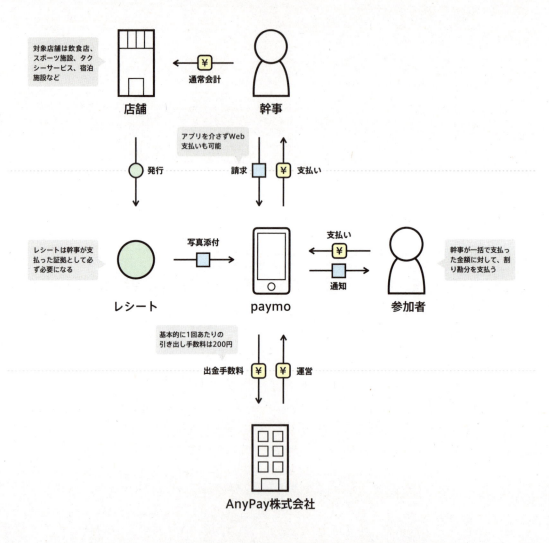

「割り勘」という利用シーンに絞った決済の仕組み

「paymo（ペイモ）」は、スマホを使って「割り勘」が簡単にできる現金のいらないアプリ。飲食店などで割り勘をする際、今はまだ現金や銀行振込が主流だけれど、その割り勘がアプリ上で完結してしまう。店内で現金を精算する必要がないのは便利。

paymoを使う場合、幹事がお店にまとめて支払うところは通常の会計と同じだが、そのあと幹事は参加メンバーにアプリを通じて割り勘分の料金を請求する。参加メンバーは登録したクレジットカードで支払うことになる。アプリの利用や決済手数料は無料。幹事はpaymoから受け取ったお金を現金として引き出したり、別の支払いに使うこともできる。

2010年に資金決済法ができ、銀行以外でも個人間送金ができるようになった。つまり、個人間送金のともなう事業でも、登録さえすれば実施できるようになったということ。ただ、サービス運営上、送金するには本人確認が必須になるのが大きな問題。「LINE Pay」「Yahoo!ウォレット」などのモバイル送金・決済サービスも本人確認が必要になっている。「割り勘」というシーンに限ってみると、みんながわざわざ本人確認までしていたら面倒で、利用のハードルが上がってしまう。

こうした課題を乗り越えるため、paymoは「収納代行」という仕組みを採用し、資金移動業への登録を合法的に回避している。収納代行は、あくまで「代わりに支払う」もので、コンビニで公共料金が支払えるのと同じ仕組み。ただ、支払いの証拠になるレシートは必須になる。現在、paymoは参加者がアプリのダウンロードをしなくても幹事に対してWeb上での支払いが可能になる機能などを設けて、多くの参加者がpaymoを使えるように工夫している。

まだ飲食店やタクシーなど利用場面が限られるけれど、「割り勘」という利用シーンに絞ったビジネスモデルがすごいし、そのためにどのように現状の法律に対応すべきかといったことを学べるいい事例。

Medicalchain

患者が自分の医療データを管理するメディカルプラットフォーム

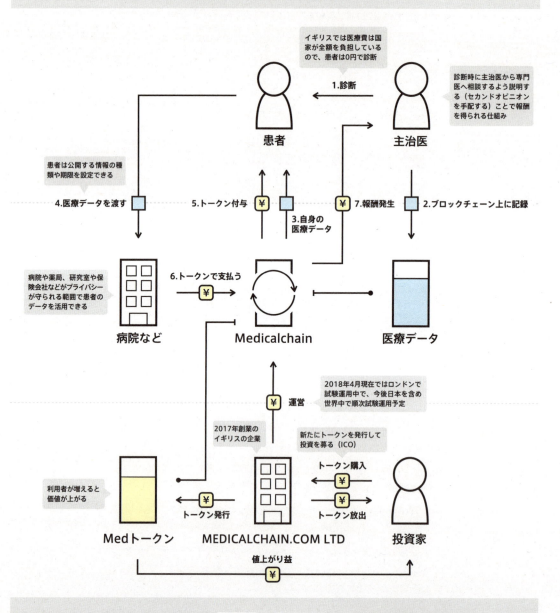

患者が医療データを提供すると報酬が発生

「Medicalchain（メディカルチェーン）」は、患者が自身の医療データを管理できるイギリス発のサービスだ。そもそも医療現場では、患者の情報が断片的になりがちで、統合的に扱うのが難しいという課題がある。たとえば、普段通っている病院ではないところで診察を受けたら、これまでの医療データが参照されるわけではないので、ゼロからの診断になってしまう。情報が一元的に管理されていないことが、こうした事態を招いている。

Medicalchainでは、医療データがブロックチェーン上に安全に記録され、病院や薬局、保険会社など医療データに関係するさまざまな機関が、患者のデータにアクセスできるようになる。もちろん、無制限にアクセスできるわけではなく、患者は自らの意思で期限付きのアクセス権を付与することもできる。つまり、カルテなどの医療データは病院ではなく、患者が管理することになる。

同サービスの特徴は、患者がアクセス権を付与すると、トークンという形で見返りが発生することだ。トークンとは、ざっくり言えばポイントのようなもの。さらに、同社は「Medトークン」という独自のトークンを発行して、この事業に共感した投資家にトークンを購入してもらうことで、これまでに2400万ドルの資金調達をしている（いわゆるICO：仮想通貨による資金調達）。

ユニークなのは、主治医が診断時に他の専門医へ相談するように促す、つまりセカンドオピニオンを促すインセンティブ設計があるということ。これまでセカンドオピニオンは、患者の意思で第三者の診断を受ける必要があったが、この仕組みだと、多くの人がより公平な診断を受けることにつながる。

ただし、現状はロンドンの一部の病院で運用中であり、日本を含め順次展開予定とされるが、どこまで現実に運用できるのか不明なところも多い。実現すればとても可能性のあるサービスなので、期待を込めて紹介した。

044
TransferWise

「見えない為替手数料」をなくす、海外送金サービス

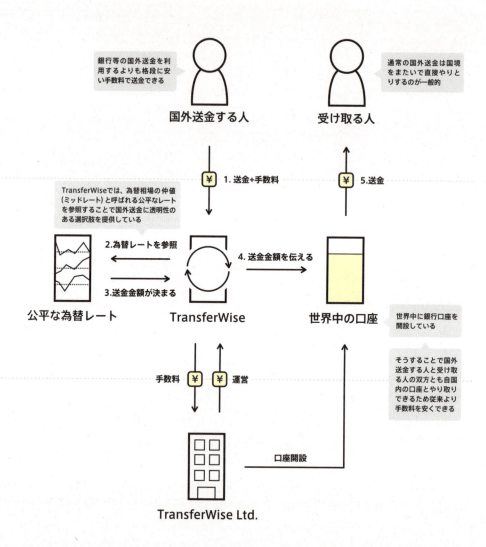

海外送金	起点	定説	外国の相手口座に振り込むもの
		逆説	同じ国の第三者の口座を通じて振り込むもの

「あえて手間をかける」ことで手数料が安くなる

「TransferWise（トランスファーワイズ）」は、海外送金時に見えない為替手数料をなくすサービス。為替手数料とは、日本円と外貨（米ドルなど）を交換するときに徴収される手数料のこと。

一般の銀行などでは「海外送金手数料無料！」などと宣伝しているところも多いけれど、実は見えない手数料を取られている。円から外貨に換えるときに若干割高のレートが使われてしまうのだ。たとえば、今1ドル100円だとしても実際の両替レートは1ドル100円50銭だったりする。その50銭は業者の手数料となる（海外旅行に行く人はよくわかるかもしれない）。

このような問題を、同社は1回の海外送金を2回の国内送金で置き換えることによって解決した。たとえば日本から米国に送金する場合、まず送金したい人は日本のTransferWise口座に日本円で入金する。入金はミッドレート（業者の手数料が乗っていないレート）で換算される。そして、その情報は米国のTransferWiseに連携され、受け取る人の口座に米国のTransferWiseの口座から米ドルが支払われる。

一見手間が増えるだけのように思えるけれど、公式サイトによると最大で手数料が8倍も安くなるらしい。しかも、送金の90％が24時間以内に終了するというスピード感があるのに加えて、日本では関東財務局に資金移動業者として免許登録しているなど信頼性が高いところも利用者としては魅力的。

海外から母国への仕送りをこのサービスを通じて行う人もいるみたいで、毎月20億ポンド以上もの送金が行われている。このサービスのすごいところは、あえて手間をかけることで手数料を安くするという発想力と、そのアイデアを実行するために世界中の銀行に口座を開いてしまった実行力。創業者の1人がイギリスでポンドで給料をもらっていた頃、エストニアの住宅ローンを返済するために送金していたことから、このサービスを考えついたという経緯もとても面白い。

//045

グローバルモビリティサービス

「低所得者も車を所有」を実現した遠隔操作技術

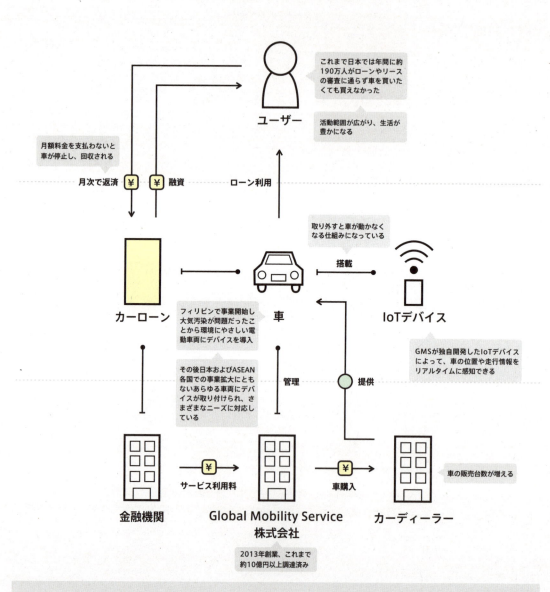

支払いが滞ったら遠隔操作で車をストップ

「グローバルモビリティサービス（GMS）」は、自動車販売のためのシステムだ。一般的なディーラーなどの販売方法と決定的に違うのが、車を先に貸して、支払いがストップしたら遠隔で車を止めるという衝撃的な仕組み。車を購入するときは、通常与信審査があり、低所得者層や支払い能力があるにもかかわらず与信枠が薄い人は所有することが難しかった。しかし、このサービスは遠隔管理ができるIoT機器を車に搭載することで、これまで車を所有できなかった人たちにも車を販売することを実現した。ローン返済を滞納した場合は、車は遠隔で停止される。

アジア圏では騒音や排気ガスの多い車両の代替として、エコカーを提供している。環境問題の解決にも寄与し、与信のスピードや工数の大幅カットにつなげている。また、車から得られる情報を二次活用し情報サービスとして提供することで、地域の価値向上が期待される。

IoT機器（MCCS）の金額は月額数千円。iPhone程度のサイズで日本からの即時制御も可能。MCCSを外しても車は動かなくなる。エコカー（電動トライシクル）は1台60万円ほどするが、電気代はガソリン代よりも安く、5年ほど利用すると排気ガス車よりエコカーのほうが低コストになる。

同社がフィリピンからビジネスをスタートさせたのは、フィリピンは経済成長が約7％と高く、低所得者のボトムアップによるさらなる経済成長が見込めること、そして、フィリピンで災害があった際に社長がボランティアをした経験から。2018年時点のフェーズは、各ステークホルダーと協調してプラットフォームのベースをつくっている段階。そもそも市場が育っていないため競争相手がいない黎明期だ。

今後はフィリピンでIoTビジネスにおいてナンバーワンを目指し、GMSしかできない活動を通じて経済発展に寄与し、ASEANおよび日本に展開・発展させることを目標としている。社会性・経済合理性・創造性のすべてがしっかり揃っている、とてもすてきなビジネスモデルだ。

046 クラウドクレジット

日本の余剰資金と海外の資金需要をつなぐクラウドファンディング

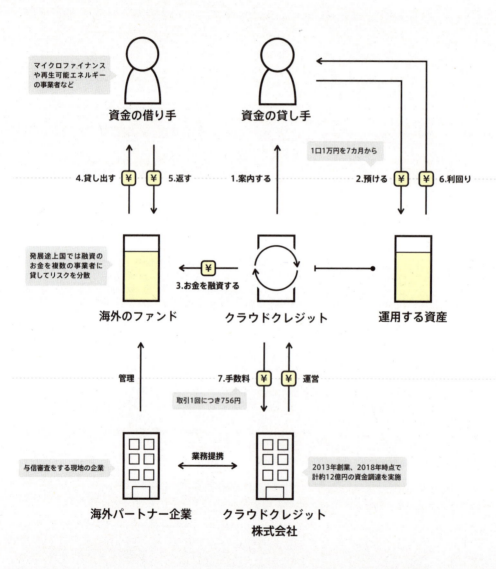

発展途上国への融資　起点

定説　法人が対面でする投資
逆説　個人がオンラインでする投資

個人でも発展途上国への融資ができる

「クラウドクレジット」は、日本で得た投資の利益などの余剰資金と、海外の資金需要をつなぐクラウドファンディング。融資型クラウドファンディングで集まった資金を海外、特に発展途上国に融資しているという点がすごい。

日本で家計の余剰資金と資金需要をマッチングし融資を仲介するサービスとしては、一般的に不動産への個人投資が考えられるが、それだと国内で完結する。また、今まで日本では、海外への融資は100億円規模を有する銀行でなくてはできなかった。

そこで同サービスは、投資で得た収益に税金のかからないエストニアなどの租税回避地に子会社を設立し、発展途上国等の基金へ融資をするセクションをつくり債権を発行。この債権を日本本社が買い取り、クラウドファンディングによって資金を募り、金銭的リターンをノンバンクでもできるようにした。そのうえ、海外投資につきものの為替の変動をヘッジする設計にし、為替変動の問題もクリア。

個人投資家はパソコン画面から投資したい基金を選んで、マイクロファイナンス事業者や再生可能エネルギー事業者に出資する。最低資金は1万円から、最短期間は7カ月から出資できる。グラミン銀行がしてきたような発展途上国への融資を、個人でも資産運用利益を得ながらできるようにした。これにより、発展途上国の事業活動促進や雇用の創出に寄与できる仕組みだ。

創業時、「銀行をつくろう」と思ったというCEOの杉山智行氏は、日本では余剰資金で国債を買うと赤字になり運用ができないため、銀行の預金に集中し、預けたまま増えていないという課題を、同サービスによって解決した。同社では、今後はお金の預け先が銀行の預金一辺倒ではなく「株式投資を行っても資産がゼロになることは可能性として非常に少ない」「証券会社が倒産したとしても投資信託の財産は守られる」という社会になると予測している。

鎌倉投信

047

「いいことをしている会社」を重視する投資信託

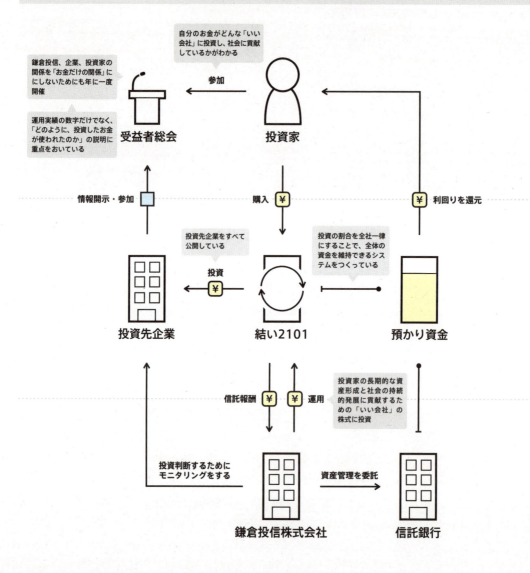

投資信託	起点	定説	資本の形成に投資
		逆説	社会の形成に投資

「社会性」と「経済性」を両立

　個人投資家の従来の投資の第一目的は、資産の形成だ。金融業界はその手助けのためにどれだけ収益に貢献してくれるかという目線で企業を分析し、投資先を判断している。しかし、「鎌倉投信」は社会の形成を第一目的として、「事業を通じて"いいことをしている会社"にしか投資しない」「数字に表せないところを見る」と宣言し、従来の金融業界とは一線を画した目線で投資先を決定している。その結果、R&Iファンド大賞の「投資信託／国内株式部門」で最優秀ファンド賞を受賞するなどの実績を残している。

　鎌倉投信は、投資するに値する"いい会社"なのかを判断するために、「八方よし」という考え方を提唱している。八方よしとは、社員とその家族、取引先・債権者、顧客、地域、社会、国、経営者、株主の8つのステークホルダーに対して共通の価値をとどけることを指す。これは、日本の近江商人の心得「三方よし」の考え方を拡張したもの。三方よしは、売り手よし、買い手よし、世間よし、という3つだが、これだけでは言い表せないほど現代の企業経営は複雑化している。そのため、その企業の現場に足繁く通い、実際に働く人の声も聞きながら投資判断をしている。

　なぜ鎌倉投信は"いい会社"に投資をし、かつ経済合理性を成り立たせることができるのか。そこには同社独自のルールがある。鎌倉投信は、投資の割合を全社一律にしている。それにより、ある企業の株価が下がったとしても、他の企業の株価で補填ができる。こうして全体の資産を維持できる投資のシステムをつくっている。

　鎌倉投信は、鎌倉投信の思想に賛同した人に購入してもらいたいという願いから、投資先のすべての会社を一般公開している。また、販売を金融機関に委託せず、直接売る方式をとっているのも特徴。さらに、年に1度「受益者総会」を開催する。この会は受益者（投資家）によるボランティアで運営されていて、運用実績の数字だけでなく、「どのように投資したお金が使われたのか」の説明に重点が置かれている。その背景には、受益者たちに「お金だけでは幸せになれない」という考えがあるからだ。

&Biz

中小企業に特化したM&Aマッチングサービス

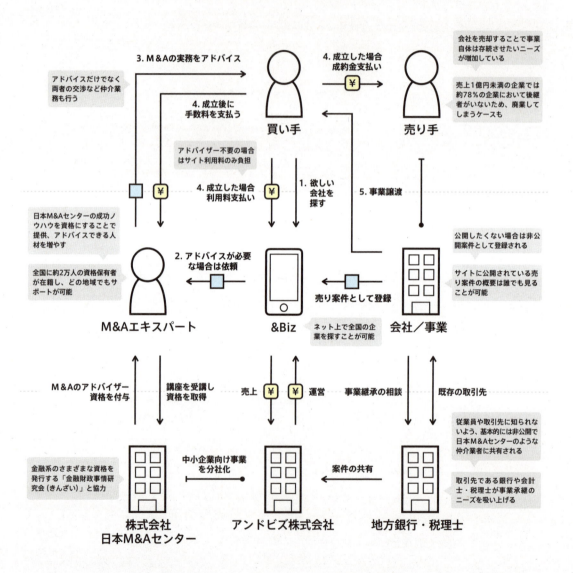

手数料の安さが中小企業の事業継承を促進

帝国データバンクの調査によると、国内企業の66.1%が後継者不在であり、売上1億円未満の企業では約78%の企業において後継者がいないため、廃業を選択する中小企業が増えている。こうした課題に対する解決策として「事業継承としてのM&A」が増加している。事業を他社への譲渡や売却をすることで、事業が存続し従業員や取引先など多くのステークホルダーとの関係は維持できるからだ。

「&Biz（アンドビズ）」は「誰でも、いつでも、どこでもM&Aができる」ことを目的に始まった事業。日本M&Aセンターが開始し、2018年4月に分社化した。&Bizのサイトに登録すると、全国の売りたい会社を探すことができる。つまり会社を買いたいと考える人と売りたい人をつなげるオンラインプラットフォームである。

通常、M&Aの取引は、買い手が日本M&Aセンターのような仲介会社に依頼して売り案件を探してもらって、アドバイザーに実務面や交渉のサポートをしてもらう。ただ、2つの大きな問題点がある。1つめは、中小企業にとってはアドバイザーの手数料が高くて負担が大きいので、潜在的なニーズはあるものの小規模のM&Aが進まないこと。2つめは、&Bizの他にもオンラインを使ったM&Aのマッチングサイトはあるものの、マッチング後の実務面のサポートや買い手と売り手の間に入って交渉をする、いわゆる仲介業務の機能がないため、成約まで至らないケースが多いことだ。

日本の事業承継のボトルネックは、アドバイザーの少なさとアドバイザー手数料の高さ。そう実感した日本M&Aセンターは、「M&Aエキスパート」という資格を立ち上げた。日本M&Aセンターのノウハウなどを提供し、アドバイザーを増やすことで、オンラインでマッチングした中小企業がアドバイスを必要としたときには、アドバイザーのサポートを受けられるインフラを整えた。オフラインでは手数料が高く、オンラインではサポートが不十分という課題をM&Aエキスパートという資格制度で補完することで、同社は中小企業の規模に合った手数料を実現し、事業継承の促進に寄与している。

049

ジャンプルーキー！

『週刊少年ジャンプ』が仕掛けるマンガ家育成の仕組み

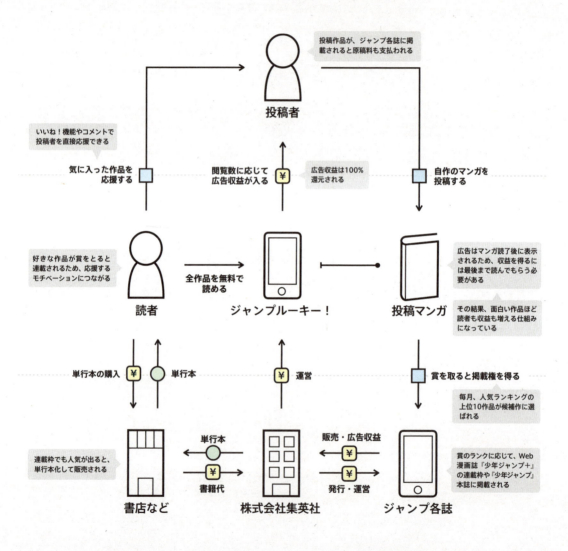

新人向けマンガ投稿アプリ　起点　定説　広告収益は運営者のもの
　　　　　　　　　　　　　　　　逆説　広告収益は投稿者のもの

広告収益が100%マンガ家に還元される

「ジャンプルーキー！」は集英社が運用しているマンガ家の卵たちのためのサービス。彼らがお金を稼ぐには、大きな賞などをとって有名雑誌に連載というのがよくあるパターンだと思う。当たり前だけれども、売れるまではマンガ家の卵たちは苦しい状況が続く。しかし、ジャンプルーキー！では有名ではないマンガ家にも収益を得る手段を提供している。また、手軽に少しでも収益が得られることで、「プロのマンガ家にまでなろうとは思っていないけれどもマンガが好きで描きたい人たち」が、より創作活動を続けやすいサービスとなっている。

仕組みはシンプル。「マンガ家たちがアプリにマンガを投稿する→読者は全作品を無料で読める→読み終わったら広告が表示される→広告収入がマンガ家に支払われる」という流れ。大きな特徴は、広告収益がすべてマンガ家に分配されるところにある。具体的には、「広告の閲覧数＝自分のマンガが最後まで読まれた数」に応じてマンガ家に広告収益が入る形になっている。広告はマンガ読了後に表示されるため、最後まで読んでもらえるような面白いマンガを描こうとする動機が生まれる仕組みだ。

もうひとつのユニークな点は、マンガ家と読者の距離が近いこと。「いいね！」機能やコメントで読者がマンガ家を直接応援できるから、まだ世に出ていないマンガ家にも読者からのリアルなフィードバックを受け取る機会が与えられる。一方、読者はまだメジャーになっていないマンガ家を見つけて応援する楽しみがある。

では、広告収益を作者に100%還元してしまう集英社は、どこで儲けを出すのか？　ジャンプルーキー！内で人気ランキング上位の作品が毎月実施される漫画賞にノミネートされ、そこで入賞すると、『少年ジャンプ』本誌やWeb版の『少年ジャンプ＋』などの各誌に掲載されることによってまかなわれる。掲載作品が連載されると、単行本の売上として集英社に利益が入るからだ。なにより集英社にとっては、多くのマンガ家を若いうちから集めることができるので、未来の『少年ジャンプ』を背負う人気マンガ家の発掘にもつながっている。

050
Funderbeam

誰でも簡単に「未公開企業」に投資できる

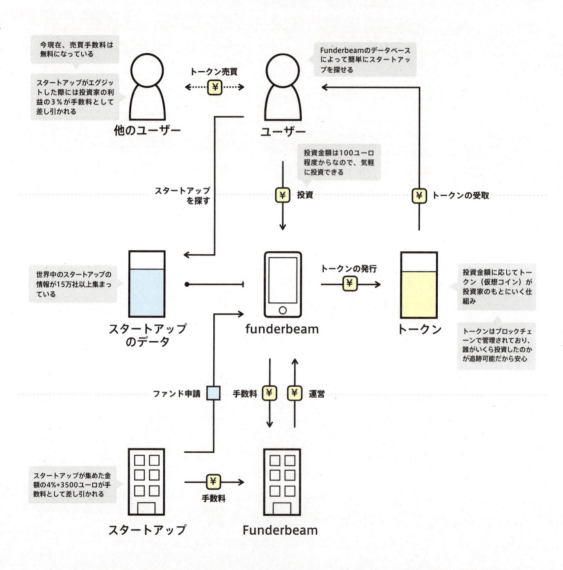

投資先は15万社、投資金額は約1万円から

　このサービスをはじめて見た人は「流行りのブロックチェーンサービスか」と思うかもしれない。しかし「Funderbeam（ファンダービーム）」の強みは、ブロックチェーンではなく、扱っている商材にある。このサービスは株式や債券を取引するプラットフォームだけれど、なんと「未公開」企業の株式や債券が取引できる。

　そもそも投資には、難しいイメージがつきまといがち。しかも、未公開企業への投資となると、もっと手を出しにくい。まず情報の問題がある。世界にはたくさんのスタートアップがあるけれど、有望な企業を探そうとしても、どうやって探せばいいかわからない。次に資金量の問題。スタートアップに投資するには、数千万円もの大きな資金を必要とする場合もある。最後に流動性の問題。スタートアップに投資すると短くても数年は動かせないことが多い。

　このサービスは、これらの問題をすべて解決している。まずデータベースにアクセスするだけで、ユーザーは世界中の面白いスタートアップを簡単に知ることができる。その数はなんと15万社以上。さらに、投資金額も100ユーロ（約1万2700円）からと、比較的小さな資金で投資できる。

　最大のポイントは、投資によって得る権利を他の投資家と売買できること。投資後の権利はブロックチェーンによってトークン化され、誰がどの企業にいくら投資しているかが厳密に管理されている。それによりユーザーは安心して簡単に売買ができる。スタートアップ側もFunderbeamに登録することで、ベンチャーキャピタルなどを通さなくても資金を集めやすくなった。

　限られたプロが対象であるイメージの強いスタートアップ投資だけれど、それを誰でもできるようにしたことがこのサービスのすばらしいところ。2017年には、孫泰蔵氏が率いるファンドから200万ユーロ（約2.4億円）を調達し話題となった。現在では1050万ドル（約110億円以上）もの資金調達に成功している。

Spotify

051

4000万曲が「無料」で楽しめる音楽ストリーミングサービス

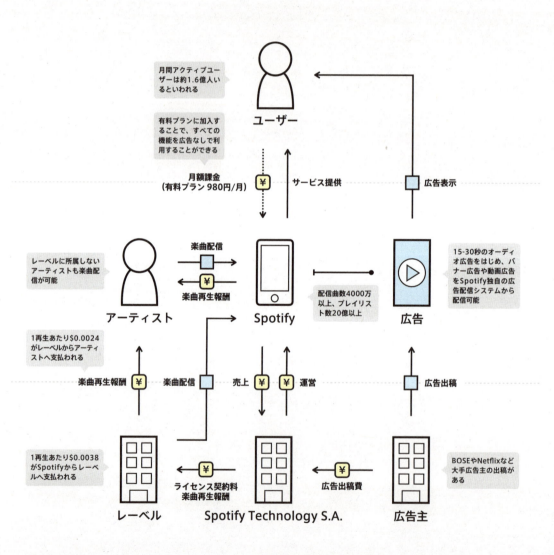

アーティスト、レーベル、ユーザー全員がハッピーに

　スウェーデン発の「Spotify（スポティファイ）」。月間1億6000万人以上のユーザーが利用する世界最大級の音楽ストリーミングサービスだ。Spotifyの登場には、ある背景があった。2006年の創業当時、音楽の違法ダウンロードや海賊版の流通が社会問題として挙げられていた。これらの最大の問題はアーティストへ収益が分配されない点にある。共同創業者の1人であるダニエル・エク氏は、この問題に対して、アーティストやレーベルに対価が支払われる仕組みを設計した。

　実際、Spotifyがリリースされた2008年から3年後の2011年には、スウェーデン国内における楽曲の著作権問題が約25%減少したという実績がある。成功要因のひとつは、そのビジネスモデルにある。収益源はユーザーからの月額課金と広告の主に2つだが、特にユニークなのが広告モデル。Spotifyは独自の広告配信システムや広告メニューを保有しており、これまでにNetflixやBOSEなど大手広告主からの出稿実績もある。月額課金に加えて、広告からの売上も立てることでサービス利用料無料でもアーティストやレーベルにきちんと報酬を支払うことができる。Apple MusicやLINE Musicなどの競合他社は月額課金を前提として、無料トライアル期間を設けているが、Spotifyでは一部の機能に制限はあるものの期間無制限かつ無料でフル再生や楽曲選択が可能（PC/タブレット）。アーティスト・レーベル・ユーザーの全員がハッピーになる仕組みをつくり上げたことに感動する。

　広告モデルに加え、課金売上の部分も強み。980円の月額課金はプレミアムプランという位置づけで用意されていて、ユーザーはより高音質の曲を聴けたり、広告がなくなったり、オフライン再生が可能になったりする。ユーザーの44%がプレミアムプラン登録ユーザーであり、売上の9割がこのプレミアム課金からだ。

　楽曲の著作権問題やレーベル・アーティストからの批判などの報道が目立つ同サービスだが、積極的なテクノロジー企業のM&Aや2018年にIPOを実施するなど動きをどんどん加速させている。さらなる音楽体験向上のためにどんな打ち手を用いるのか楽しみだ。

052
WASSHA

アフリカで「電気の量り売り」をするサービス

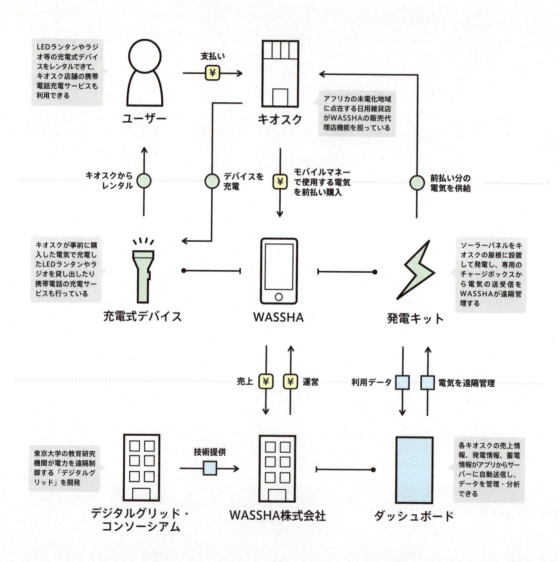

電気が届かない地域に住む10億人に電化の豊かさを

「WASSHA（ワッシャ）」は、デジタルグリッドという新しい電力制御技術を活用し、電気を誰の手にも届く場所に、手の届く価格で提供する「電気量り売り」サービス。アフリカの未電化地域で展開し、1000以上の店舗で導入されている。ちなみにWASSHAは造語で、スワヒリ語で「火をつける」という意味のWashaからとったそう。

このビジネスのすごいところは、途上国の未電化地域へ電気を供給する仕組みをつくり出したこと。先進国では電力会社と契約して電気を使い、従量課金で支払うのが当たり前。それだと、未電化地域では電気の恩恵を受けられる人が限られてしまう。そこで前払い式の「量り売り」を実現することで、未電化地域に住む低所得の人たちでも電気の恩恵を気軽に受けられるようになった。

電気を量り売りする仕組みは、次の通り。「キオスク」と呼ばれる未電化地域に点在する日用雑貨店に代理店になってもらい、WASSHAからキオスクに対して事業に必要なツール（ソーラーパネルなど）を無償でリース。キオスクはソーラーパネルで発電した電気を専用のスマホアプリから使う分だけモバイルマネーで購入し、LEDランタンやラジオなどを充電して地域住民向けにレンタル販売し収益を得る。それとは別に、店舗に日用品を買いに来た客がついでに携帯電話を充電するという使い方もできる。発電状況や電気の利用状況はダッシュボードと呼ばれるWASSHAのシステムへ自動送信されるので、これらのデータを管理・分析することで離れた場所からでもビジネスの状況を確認し、サポートできる。

電化による豊かさを提供するだけでなく、BOPビジネス（途上国の低所得層を対象に、貧困解消に貢献しながら利益を生み出すビジネス）として成立しているのもすばらしい。キオスクのオーナーは、WASSHA事業によって収入アップが期待でき、電気を利用する地域住民もライトがあれば夜でも露店を開くことで、売上アップにもつながる。WASSHAの代理店開拓・管理チームは、一部現地採用を行っていて雇用の創出にも貢献している。現在はタンザニアを中心とした事業展開だが、今後はアフリカ全土への進出を予定しているとのこと。日本発のベンチャー企業がアフリカの未電化地域でのスタンダードになることを期待したい。

Doreming Pay

053

働いた分の給料を1日単位で使用できる給与前払いサービス

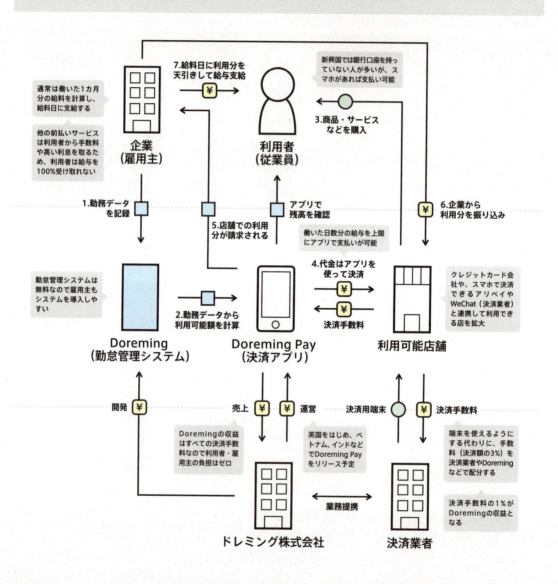

金融サービスを受けられない20億人を救う

　世界を代表するフィンテック企業を選出する「FinTech100」に、日本で唯一選ばれたベンチャー企業がある。福岡に拠点を置くドレミング株式会社。同社は2015年に高崎将紘氏によって設立された、給与計算や勤怠管理システムを提供する会社。父親の義一氏が開発した勤怠管理や給与計算をリアルタイムに管理できるシステムを使用して、Doremingという勤怠管理システムを開発した。

　同社はDoremingと電子マネーなどの決済システムを組み合わせて開発した「Doreming Pay（ドレミングペイ）」がイギリスをはじめ、ベトナム、インド、サウジアラビアなど世界各国で高い評価を受け、冒頭の「FinTech100」に選出された。Doreming Payは上記の国々でリリース予定。これは、働いた分の給料を1日単位で使用できるサービスで、仕組みは勤怠管理システムのDoremingによって1日あたりの給与が計算され、従業員のアプリに利用上限額が表示される。従業員はその金額を上限に店舗で買い物ができ、スマホのアプリを使った支払いが可能で、現金や銀行口座がなくてもスマホさえあれば、給料日を待たずに買い物ができる。

　このサービスの画期的な点は、利用者（従業員）から一切手数料を取らない点だ。クレジットカードと同様に、決済代金から手数料を算出して、店舗が手数料を負担する収益構造になっている。現地の状況に合わせて、収益構造は調整する方針だが、将紘氏は「少なくとも、ポリシーとして従業員から手数料を取ることは絶対にしません」とウェブサイト『Mugendai（無限大）』のインタビューで述べている。

　新興国では銀行口座を持たない、金融サービスが受けられない金融難民が約20億人いるといわれており、ローンや借入ができないため、不当な高い手数料や利息を払って給料日までの資金を借りている。給料日には会社まで取り立て屋が来て、給料がほとんど残らず、貧困から抜け出せない状況がある。スマホがあれば利用できるDoreming Payは、そんな人々の救いとなる。法規制上、各国の当局や政府との交渉が続いているものの、金融難民20億人がサービスを受けることができれば、ドレミングが世界に与えるインパクトは大きい。

054
ポリポリ
市民と政治家のコミュニケーションを促すアプリ

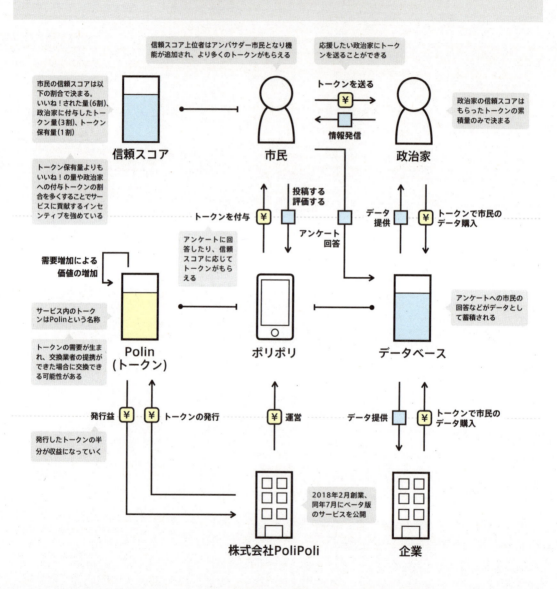

"炎上"することなくネット上で議論ができる

テクノロジーによりさまざまな業界で変革が起きている中、テクノロジーがまだ足を踏み入れていない領域がある。政治の世界だ。イノベーションが起きていない、この市場に可能性を感じたのが、「ポリポリ」というアプリが生まれたきっかけだ。

「ポリポリ」は、政治家とネット上で健全なコミュニケーションを促すアプリ。テクノロジーの力によって、ネットでは炎上しがちな政治に関する議論を健全化させ、市民と政治家の関わり方に革命を起こそうとしている。このビジネスのすごいポイントは3つ。

1つめは、誹謗中傷が起こりやすい政治への議論を健全に行える仕組みをつくっていること。アプリ内での発言を、市民同士で評価できるようになっている。図解にもあるように、市民間での発言の評価が信頼スコア取得へのひとつの要素となる。そのため、特定の誰かへの批判ではなく、建設的な議論が行われる仕組みができ上がっているのだ。

2つめは、市民と政治家のコミュニケーションを直接的に行うことができる点。市民はポリポリから提供されるアンケートに答えたり、政治家に質問をしたりすることで自らの意見を発信できる。政治家はアプリ内で市民から受ける質問に直接答えることもできる。アプリという市民に馴染みのあるツールを使用し、若い市民にも今までは取っつきにくかった政治に興味を持ってもらうことができる。

3つめは、「Polin」というポリポリが発行する通貨と同様に扱えるトークンを、市民・政治家・企業に購入、また使用してもらうことにより、独自の経済圏を生み出す可能性があること（Polinの配布は2018年9月から開始予定）。ポリポリ内の情報交換はすべてPolinを介して行われるようになるため、ポリポリはPolinの発行益によって利益を得ることができる。Polinが発行されていないため、まだサービス自体に利益はないが、2018年7月にはNOW株式会社から資金調達するなど、サービス拡大に向け全速で進んでいる。

「カネ」のビジネスモデル
まとめ

「カネ」の章で紹介した事例は、さらに「お金をどのように新しくしたか」によって「転換系」「インセンティブ系」「流通系」の3つに分類できる。

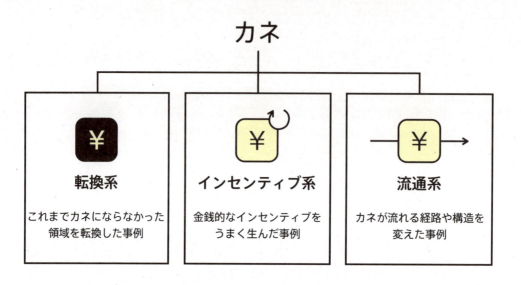

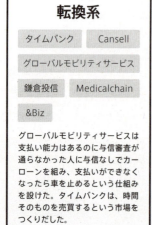

転換系

タイムバンク　Cansell
グローバルモビリティサービス
鎌倉投信　Medicalchain
&Biz

グローバルモビリティサービスは支払い能力はあるのに与信審査が通らなかった人に与信なしでカーローンを組み、支払いができなくなったら車を止めるという仕組みを設けた。タイムバンクは、時間そのものを売買するという市場をつくりだした。

インセンティブ系

SHOWROOM　Unipos
Mobike　Lemonade
Funderbeam　ポリポリ
ジャンプルーキー！　ALIS

Uniposは従業員間でボーナスを送り合い、社内で日の当たらない業務に対してもインセンティブを与えている。ALISはトークンを発行しICOをして投資家から資金を得ながら、広告モデルではないメディアを独自のインセンティブの仕組みで支えている。

流通系

CASH　TransferWise
ポルカ　クラウドクレジット
Spotify　DoremingPay
paymo　WASSHA
Fundbox

TransferWiseは世界中に口座を開設し、2回の国内送金で国外送金を代替することでより公平な手数料を実現している。WASSHAはアフリカの未電化地域で電気を従量課金ではなく前払い式にした。

第3章 情報

新たな「テクノロジー」を使う

AI（人工知能）、IoT、ビッグデータ……など新たなテクノロジーが、画期的なビジネスを生み出す。これまで実現が難しかった領域を情報技術やデータ活用により突破しているビジネスモデルを取り上げる。

第3章 **情報** 新たな「テクノロジー」を使う

Farmers Business Network

055

「農家×ビッグデータ」で生産性が劇的に上がる

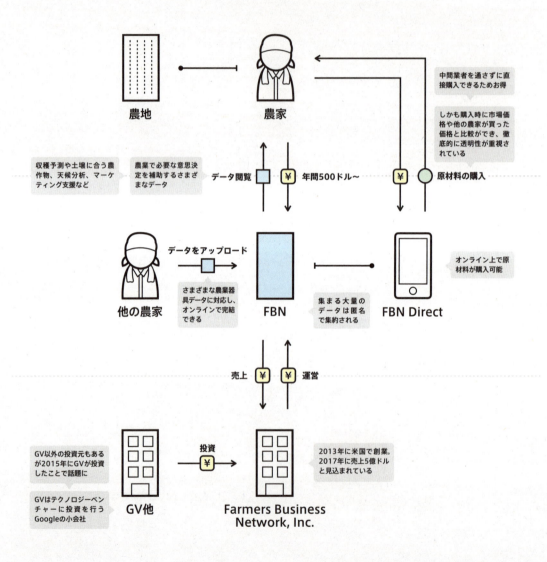

他の農家がいくらで肥料を買っているかもわかる

「Farmers Business Network(ファーマーズ・ビジネス・ネットワーク、以下FBN)」は、米国内の農家が自分の農地をより効率的に経営するためのサービス。年間500ドルを支払うと、農業に関するデータを閲覧でき、たとえば、「いつ収穫するのが最適か」「自分の土地に合う農作物は何か」といった情報のほか、天候分析、マーケティング支援などの情報にもアクセスできる。

これらの大量の農業データは、他の農家から収集している。FBNはダッシュボード機能(複数の情報をひとまとめにして表示する機能)がうまくつくりこまれており、自分の農地のデータをアップロードすると収益予測をしてくれる、というメリットがある。農家がアップしたデータは、匿名で集約され、プライバシーを侵害しない範囲で他の農家もデータが閲覧できる、という仕組みになっている。

大量のデータが集まると、「他の農家はこの肥料をいくらの値段で買っている」という情報がわかるようになる。そこでFBNはオンライン上で原材料も購入できるようにし、市場に出回る価格と他の農家が実際に買った価格などを比較できるようにした。しかも、中間業者を通さずに直接安く購入できる。価格の透明性を重視している点も、FBNが成功しているポイント。

農家は年間500ドル支払うことで、大量のデータにアクセスし、より収益性の高い意思決定ができる。しかも低価格で仕入れのできるチャネルにアクセスできるなどのメリットがあり、続々と加入者が増えている。

「一次産業である農業にテクノロジーを導入する」というのは以前からあったテーマだが、FBNはビッグデータを活用するなど真正面から挑戦している。独立農家がFBNでナレッジを共有することで農業の生産性が高まることになり、将来の食糧危機の解決も期待できる。

056

プチローソン

ローソンがはじめた「オフィス内コンビニ」

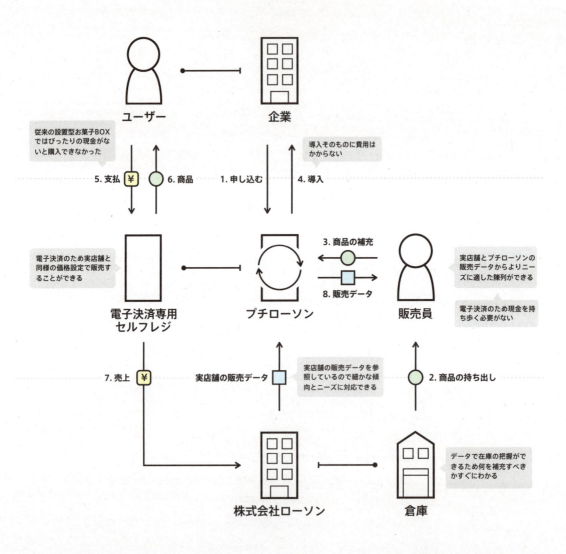

置き菓子サービスをキャッシュレス化

　2017年7月、大手コンビニチェーンのローソンが満を持してはじめたのが置き菓子サービスの「プチローソン」。

「オフィスグリコ」をはじめ、これまで先行しているオフィス内の置き菓子サービスは、現金を直接払う形が一般的で、回収するときの利便性なども踏まえて100円など固定の金額に設定されることが多かった。そうなると、100円から大きく外れる商品構成にはしづらく、置かれる商品の幅はどうしても制限されがちだった。しかも、善意によって成り立つ現金回収は、場所によっては回収率が悪くなるといった話も聞く。

　プチローソンの特徴は、業界初の電子決済を導入したところにある。それにより、金額を固定化する必要がなくなった。結果、商品の価格帯に制限がなくなり、商品のラインナップが多様化した点が強み。オプションの扱いにはなるが、お菓子だけではなく、飲み物を入れる冷蔵庫やアイスなどを入れる冷凍庫、コーヒーマシンなどの設置もできる。もちろん、すべて電子決済になっている。

　しかも、ローソンのコンビニの販売データを活用し、トレンドを分析して陳列することもできる。売れ行きが即時データ化されていくので、欠品の対応や売れ筋商品の拡充もしやすい。また、事前にデータを分析したうえで在庫を選定して配送できるため、販売員（業者）の回収効率もアップする。

　競合のファミリーマートでは2013年に先行して「オフィスファミマ」という類似サービスがはじまっているけれど、こちらはまだ電子決済ではない。しかし、こちらもゆくゆくは対応していくかもしれない。置き菓子サービスはオフィスグリコが先駆者だったが、電子決済の流れが加速すると、お菓子以外の販売データを大量に持っているコンビニは後発の参入でもシェアを拡大する可能性がある。昨今のキャッシュレス社会の波は、置き菓子サービスでさえものみ込んでいきそう。

057
ZOZOSUIT
ZOZOが仕掛ける「採寸用ボディースーツ」

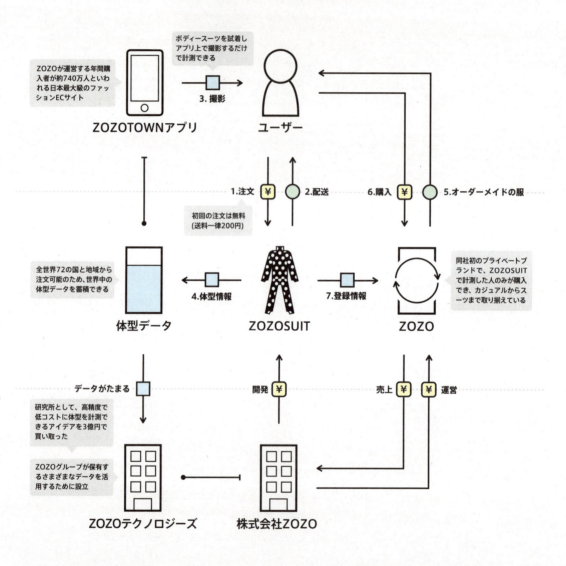

試着に必要な身体のサイズを瞬時に測れる

「ZOZOSUIT（ゾゾスーツ）」は、2017年11月末に予約受付開始をして話題になった「採寸用ボディースーツ」。ファッション通販サイトの「ZOZOTOWN」で有名な株式会社ZOZO（2018年10月1日に株式会社スタートトゥデイから社名変更）が運営している。

これまで服をインターネット上で買うときの最大の欠点は、試着ができないこと、つまりサイズが合うかどうかがわかりづらかったことにある。そこでZOZOSUITは、着るだけで自分の身体のサイズが自動で計測されるというシンプルなソリューションで世間を驚かせた。しかも、ボディースーツを無料で配布してさらに話題を呼んだ（実際は送料200円がかかる）。

さらに、同時期に発表したプライベートブランド「ZOZO」は、ZOZOSUITで計測した体型データから「あなたのサイズ」の商品を提供するブランド。これまでプラットフォームに徹してきたが、このタイミングで満を持してプライベートブランドを公表するあたりも抜け目がない。

ZOZOSUITは全世界72の国と地域から注文できる。日本だけでなく世界中の計測データが集まることになれば、ZOZOにとって有用な資産になる。ECサイトにとって「顧客のサイズがわかっている」ということは大きな強みだから。

着るだけで採寸できるのは、ZOZOSUIT全体に施された約300～400個のドットマーカーをスマートフォンのカメラで360度撮影し、読み取っているから。精度の高い計測が可能となる新技術を搭載した採寸用ボディースーツでは全身24カ所の寸法をZOZOTOWNアプリに保存することができる。さらにアプリ上では自分の体型データを3Dで見ることができたり、自分と同じ身長・体重の人の平均値と比較することも可能だ。「カジュアルもフォーマルもベーシックウェアはすべて『ZOZO』で揃う」ことを目指し、Tシャツやデニムをはじめ、オックスフォードシャツ、ビジネススーツ……と次々に新商品を発表している。

058
Airレジ
店舗の魅力と顧客マッチングの質を高める無料レジアプリ

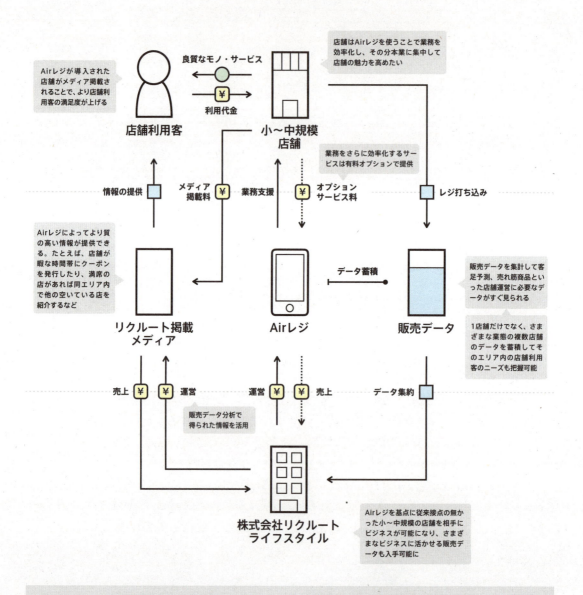

中小店舗でもPOSレジを導入し、データを活用できる

「Airレジ（エアレジ）」は、リクルートライフスタイルが運営する中小規模店舗向けの無料レジアプリだ。利用店舗が33万3000店（2018年3月現在）を超えるなど、順調にビジネスを拡大している。

店舗がAirレジのサービスを利用するメリットは、販売データが蓄積される点だ。販売データの集計、客足予測、売れ筋商品など店舗運営に必要なデータを確認できる。つまり、POSレジを導入するのと同じ効果がある。

従来、店舗がPOSレジを導入すると数十万円のコストがかかっていたのが、iPadさえあれば無料で利用できる。店舗はAirレジを導入することで売上管理やメニュー変更などもしやすくなり、雑務が減る。つまり、Airレジはレジ打ちという価値を生み出しづらい業務を、価値を生み出す業務に変えたところがすごい。

現在、いくつか無料のレジアプリサービスが存在しているが、Airレジのサービスの場合は、さまざまなエリアや業態をカバーするリクルートライフスタイルが事業主体なので、各店舗のレジに打ち込まれた膨大な販売データがどんどん蓄積されていき、1店舗だけではなく、その地域の顧客のニーズも把握できるというメリットが強み。

さらに、リクルートライフスタイルが保有するメディアを活かして、店舗利用者にアプローチすることも可能。たとえば、店舗が空いている時間帯にクーポンを発行する、あるいは満席の店があれば同エリア内で他の空いている店舗を紹介する、といったこともできるようになる。

リクルートライフスタイルにとっては店舗との接点をもてるうえに、それらの情報を集約し、自社の他の事業にも展開できる。一石二鳥感のあるビジネスモデルだ。

059 Amazon Go

シアトルにAmazonが出店した「レジなしコンビニ」

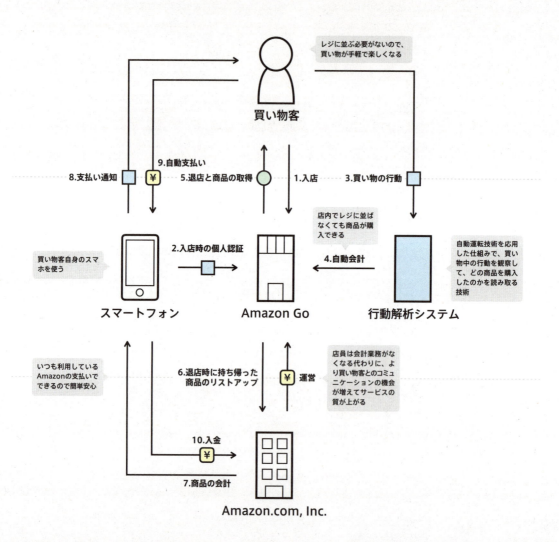

レジをなくして会計ストレスフリーに

「Amazon Go（アマゾン・ゴー）」は、Amazonがはじめたレジなしコンビニ。2016年12月に発表されて話題を呼んだ。1号店は今年2018年1月にシアトルでオープンしたばかり。

　これまで買い物客がストレスを感じやすかった「レジの行列」。会計はお店を出る前にするのが当たり前だったけれど、Amazonはテクノロジーを駆使してレジをなくしたシステムをつくった。そうすることで買い物客は店内で支払いをしなくてもよくなり、気軽で楽しい買い物体験ができる。入店するときにはコードを読み取るかたちで個人認証が必要になるが、一度入ったらお店を出るだけで、うそのように自動的に会計が完了する。

　Amazon Goのキモは、行動を解析するシステム。店内に人の動きをトラッキング（追跡）できるセンサーがあり、買い物中の行動を観察して、どの商品を購入したのかわかるようになっている。これらのシステムにはAIによるディープラーニングの技術も使われている模様で、特許も取っている。

　店舗の運営面では、レジ業務に関わる運営コストや人手不足といった問題を解消できるようになる。ただ、Amazon Goは単に効率性を追求したシステムではなく、レジ業務の自動化によって、店員はタイムラグのない在庫補充や買い物客とのコミュニケーションの機会が増えたり、または注文に応じた対面サービスができるなど、サービスの質をより高めることに注力できるようになる。そういった意味では、Amazon Goは小売業だけではなく、さまざまな対面サービスへの展開が期待できる。

　中国でもレジなしコンビニや無人レジ店舗などの開発が盛んで、アリババグループは「淘咖啡（タオカフェ）」という無人レジのカフェをはじめている。Amazon Goは日本への参入予定を発表していないが、国内コンビニ各社が先にやるのか、もしくは中国が参入してくるのか。この分野の競争は、ますます激化しそう。

060
芝麻信用

人脈や素行など「個人の信用」を点数化する仕組み

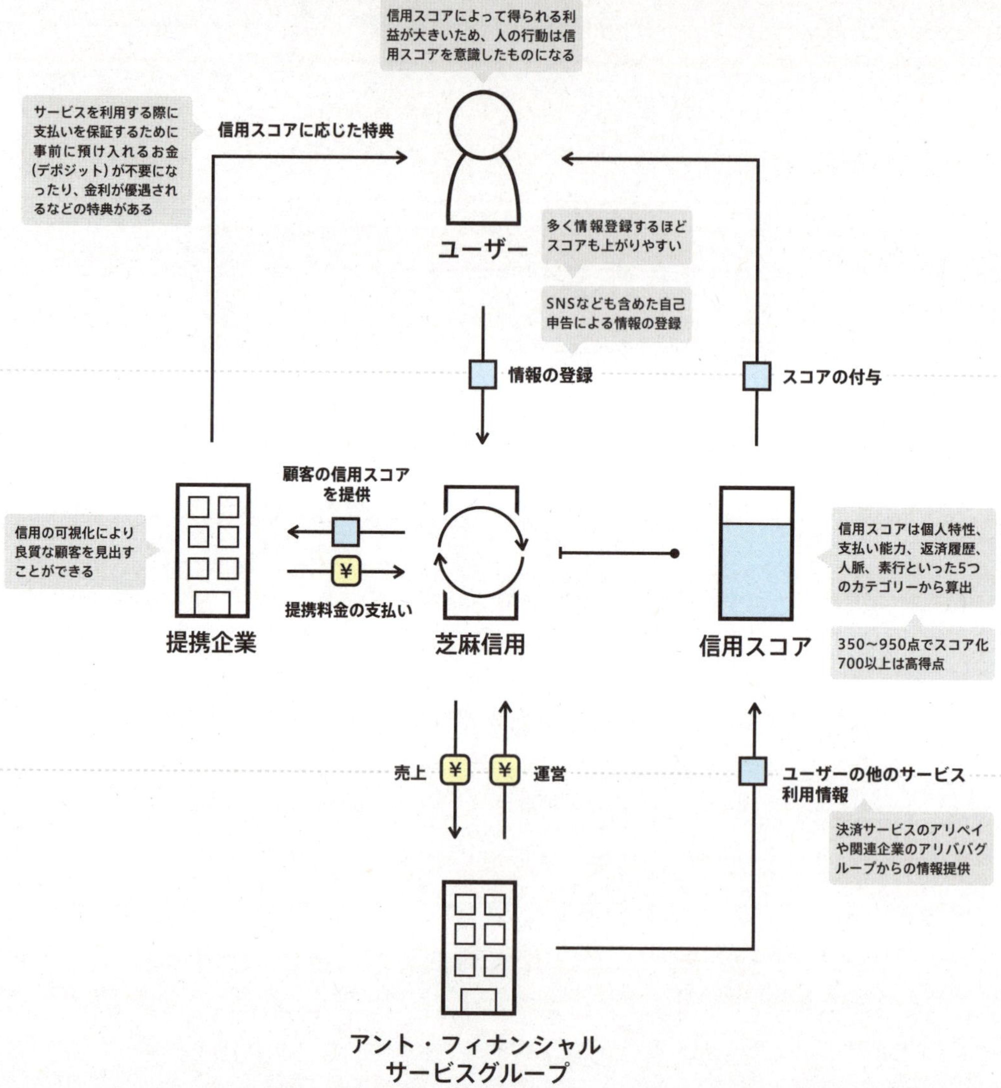

ユーザー
- 信用スコアによって得られる利益が大きいため、人の行動は信用スコアを意識したものになる
- サービスを利用する際に支払いを保証するために事前に預け入れるお金（デポジット）が不要になったり、金利が優遇されるなどの特典がある
- 信用スコアに応じた特典
- 多く情報登録するほどスコアも上がりやすい
- SNSなども含めた自己申告による情報の登録

情報の登録 → **スコアの付与**

提携企業
- 信用の可視化により良質な顧客を見出すことができる
- 顧客の信用スコアを提供
- 提携料金の支払い

芝麻信用

信用スコア
- 信用スコアは個人特性、支払い能力、返済履歴、人脈、素行といった5つのカテゴリーから算出
- 350〜950点でスコア化 700以上は高得点

売上 / 運営

ユーザーの他のサービス利用情報
- 決済サービスのアリペイや関連企業のアリババグループからの情報提供

アント・フィナンシャル サービスグループ

信用情報　起点

定説　お金を借りるためのスコア

逆説　生活全般にメリットを生むスコア

信用スコアが高い人には金利優遇などの特典

信用情報といえば、「お金を借りるためのスコア」というイメージが強いかもしれないが、2015年に中国で開始された「芝麻信用（ジーマシンヨウ）」では、信用情報を「生活全般にメリットを生むスコア」とより幅広くとらえている。そして、「個人の信用度合いをスコア化し、スコアが高い人はさまざまな特典が受けられる」というサービスを提供している。ひと昔前ならSFの世界の話だけれど、中国ではすでに実用化されている。

信用スコアは、「個人特性」「支払い能力」「返済履歴」「人脈」「素行」の5つのカテゴリーから算出する。また、信用スコアに応じた特典には、サービスを利用する際の預入金（デポジット）が不要になったり、金利が優遇されたりするなど、得られる利益が大きいため、ユーザーの行動は自然と信用スコアを意識したものになっていく。

こうしたサービスが成り立つ背景には、中国の決済がネットで完結できるようになっていることが大きく影響している。家賃や公共料金などもネットで決済できる。つまり、企業側がユーザーの日常的なお金の流れを確認しやすい状態にある。

また、アリババグループの関連企業である「アント・フィナンシャルサービスグループ」が開発したシステムなので、スコアの集計にはアリババのサービスから得たデータも使っていて、データの取得先が豊富なのも特徴。しかも、政府が後押ししている点は大きな強みである（そもそも中国政府が2015年に信用システムのライセンスを8社に付与しており、その中にアント・フィナンシャルサービスグループも含まれる）。

管理社会や監視社会の方向性を強めかねない仕組みということもあって、日本でどれだけ実現可能性があるかはまだわからない。だけど、目に見えない信用を可視化するという仕組み自体はとても面白い。

MUJI passport

「無印良品」の顧客を理解するためのアプリ

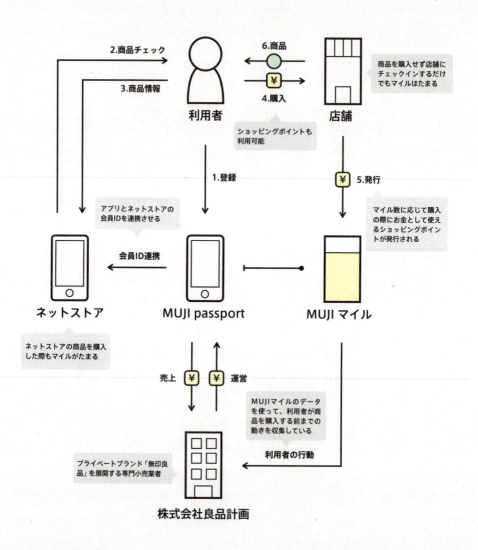

「MUJIマイル」で利用者行動の履歴を収集

「MUJI passport(ムジ パスポート)」は、「無印良品」を運営する株式会社良品計画が開発した、利用者の行動データを統合するアプリ。2013年にリリースされ、現在までに国内700万ダウンロードを突破、海外では4カ国で展開されている。

利用者は無料で利用することができ、無印良品の実店舗やネットショッピングでこのアプリを利用することで独自の「MUJIマイル」が付与されて、ショッピングポイントとして利用できる。

今まで小売業界では、リピート顧客を獲得するための施策として紙のポイントカードが主流だった。ただ、レジデータなどもそうだけれど、誰がいつどの店舗で購入したという程度のデータだけでは商品購入前後の利用者行動がわからず、最適なフィードバックを得ることや施策につなげることが難しかった。

一方、このアプリでは、顧客の行動データを幅広く活用するためにいかに利用者を巻き込むかが考えられている。それが「MUJIマイル」という独自の仕組み。商品を購入するときはもちろん、店舗にチェックインしたり、ネットストアのIDを連携したりするだけでもマイルが付与される。そして、このマイルは実際のショッピングに利用できるポイントにも生まれ変わる。企業側にとっては、「MUJIマイル」のデータを使って、利用者のより幅広い行動履歴を収集できる。

このようにさまざまな仕組みをつくることで利用者が無理なく自発的にアプリを使う仕組みが形成されている。MUJI passportはネットストアや店舗など、垣根なく顧客行動データをつなげる役割を担っているところがすごい。

062 クラシル

動画数世界一！ 辞書的レシピ動画アプリ

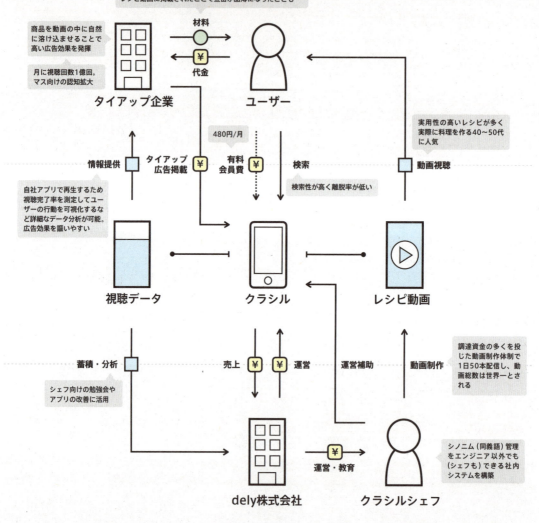

「見る」から「つくる」にフォーカス

「クラシル」は、2016年5月にスタートしたレシピ動画サービス。「クラシルシェフ」と呼ばれるプロの料理人による監修のもと、1日50本のペースで制作されており、2017年8月には「レシピ動画数世界一」を達成。豊富なレシピをアプリで見られる手軽さが、日々の献立に悩む人たちの心をつかみ、いまやレシピ動画界を牽引する存在になっている。

レシピ動画といえば、BuzzFeed社の運営する「Tasty」をはじめ、日本では「DELISH KITCHEN」が、SNSなどの他メディア上で展開する分散型メディアで先行した。ブームが広がるにつれ、見た目に鮮やかな動画の数々がSNS上を賑やかしていたが、見た目に特化している分、その動画を参考に料理をするのは意外と難しい。

クラシルはその点にいち早く目をつけて、「見る」から「つくる」へとフォーカスし、より実用的なアプローチで多くのユーザーを惹きつけた。料理をする際に重要なのは、レシピが探しやすく、つくりやすいこと。他社が分散型メディアで「拡散性」を高めていく一方、クラシルでは必要なときに、必要とされるものを届けられる「検索性」を重視して情報を集約するアプリへと注力した。分散型メディアのように見た目のインパクトを追うことから一線を置き、つくりやすく、実用性の高いレシピをストックできるのもポイント。結果、クラシルはアプリDL数、再生回数ともに日本一になった。

レシピサイトは一般的に月額制のプレミアム会員費が主なマネタイズ手段になるが、クラシルはひと味違う。ユーザーの視聴と購買行動を集約し広告効果を可視化することで、企業からのタイアップ広告を集めることを可能にした。また、広告動画にはクラシルシェフも制作に関わり、動画に自然な形で企業商品を登場させている。これにより、ユーザーも広告に対してストレスなく視聴でき、従来のレシピサイトとは一線を画している。

2018年1月には、ソフトバンクなどから33.5億円の資金調達を行い、7月にはヤフーが連結子会社化したことでも話題になった。ミッションに「70億人に1日3回の幸せを届ける」と掲げるとおり、「レシピ動画」が暮らしへ溶け込みつつあることは間違いない。

063

Flexport

アナログだらけの国際物流の世界にデータ一元管理を導入

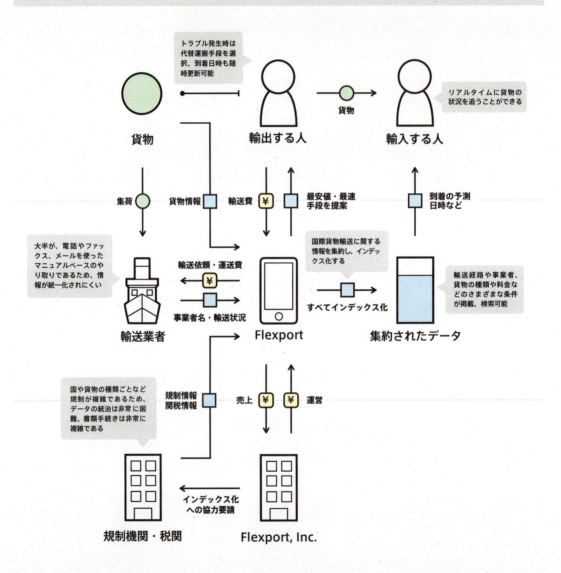

「透明性」が圧倒的な顧客満足度につながる

国際貨物輸送業界には、2つの大きな課題がある。

1つめの課題は、輸送に関与する登場人物が多く、その情報管理・通信手段が統一されていない点。ある企業はエクセル管理をしている一方、他の企業は大量の手書き書類管理で行っている。そのため「最適な輸送方法を選択することができない」「正確な到着時間がわからない」など、不透明性が高い。

2つめの課題は、法律規制が輸入する国によって異なる点。また、世界情勢によって関税が変化する可能性もあるため、高度な対応力が求められる。

「Flexport（フレックスポート）」は、これら国際貨物輸送の2つの課題を物流データプラットフォームを構築することで解決し、新たな物流の形を実現させようとしている。データ一元管理によって透明性を持つ本サービスの顧客満足度は高く、スコアは70に達している（運送会社の平均スコアはマイナス30）。

また、2016年には2690万ドル（Y Combinator）、2017年には1億1000万ドル（シリーズC）の資金調達を行っている。物流の市場規模は数兆ドルと言われ、産業の発展、グローバル化の推進に伴い、飛躍的に拡大するポテンシャルを持っているため、多くの投資家をひきつけることに成功。その調達資金を使い、今後は倉庫を購入し、倉庫内プロセスを展開する予定である。倉庫内における荷物の寸法データや出入庫データの管理まで行うことで、異なる依頼者への配送の効率性や、急な配送先変更などへの対応力も格段に向上させることができる。

しかし、課題がすべて解決したわけではない。特に2つめの課題については、流通網が大きくなるにつれ、難易度も上がっていき、コンプライアンス問題に発展する可能性もある。センシティブな内容であるだけに、失敗すれば企業の存続に関わる可能性も高い。そのため、常に目の前のことに細心の注意を払い、「すべてのルールに沿った方法」で前進していく必要がある。

Tokyo Prime

タクシーの乗客に合わせた広告を出せるサービス

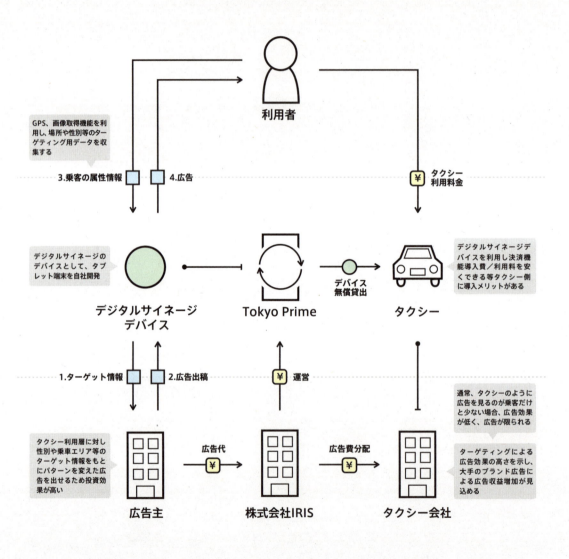

費用対効果の高い究極の「ターゲティング広告」

「ターゲティング広告」をご存じだろうか。インターネット上でアクセスした情報などを利用し、ターゲットを絞った広告配信を行う方法のことだ。そのターゲット広告をタクシーの中で実現したのが、「Tokyo Prime（トウキョウ・プライム）」という広告配信サービス。

同サービスは、ターゲットを絞るために、デジタルサイネージデバイスを導入した。このデバイスはターゲティングに適していて、タクシー空間での広告は、コストパフォーマンスのよい広告メディアになる。

タクシー広告といえば、肥満解消、薄毛治療など、少々ニッチな広告が多い。タクシーに乗っている間は半強制的に広告を見てもらえることと、タクシーの利用者層、走るエリアが限定されていることから、適した広告を掲載すれば費用対効果が高いという。この空間にデジタルサイネージを導入し、性別や状況を判断して乗客に合わせた動画広告を見せることで、さらに効率的に訴求できるようにした。納得感の高い、よくできた広告方法だ。

Tokyo Primeを提供する「株式会社IRIS」は、日本交通グループの「JapanTaxi株式会社」と広告業界で有名な「株式会社フリークアウト・ホールディングス」の合弁会社。Tokyo Primeはタクシー会社との強いつながりを活かし、最初の1年間で14倍以上売上を伸ばし、累計黒字化を達成し2年以上の実績を積み重ねて、さらに海外展開もはじめている。

機械の導入に費用がかかるといった理由で、地方や個人タクシーなどではタクシーでクレジットカード決済ができないことがまだ多い。だが、Tokyo Primeでは決済機能もあるデジタルサイネージ用の機器を無料で貸し出していく計画を立てている。さらに、デジタルサイネージを利用したさまざまなサービスで、タクシーを利用する際の利便性がよりよくなる。これからはいろいろなタクシー会社などと手を組んでいく予定とのことなので、さらなるサービスが期待できる。

065 タイムズカープラス

駐車場大手の「タイムズ24」が運営するカーシェアサービス

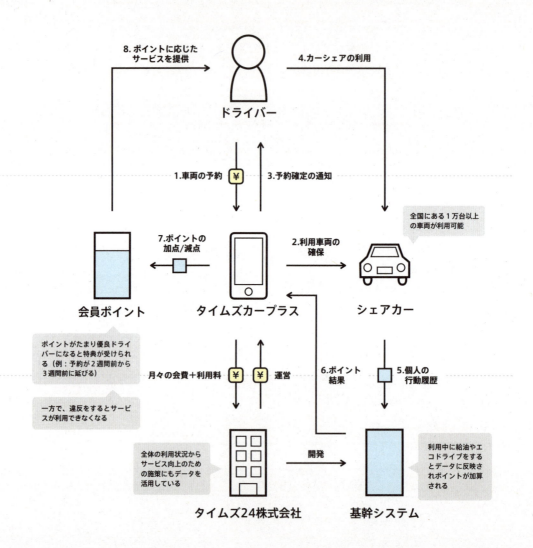

車のシェアリング　起点――定説　ルールでサービスの質を管理
　　　　　　　　　　　　逆説　ドライバー育成で質を管理

優良ドライバーほど得する仕組み

　日本でも都市部を中心に浸透してきたカーシェアリング。近年、その手軽さからレンタカーやタクシーの代替手段として魅力と感じている個人や法人ドライバーの会員登録者数が増えている。この業界で高いシェアを誇る「タイムズカープラス」を運営するタイムズ24株式会社は、もともと駐車場事業を展開していたこともあり、車を利用するためのステーション確保に優位性があった。2018年時点でタイムズ24は1万7000台以上の車両をサービスに活用しており、2位の約2600台と比べて圧倒的に高いシェアを持っている。

　カーシェアリングは対面接客がないオンラインサービスなので24時間気軽に利用できる。その反面、不特定多数の人が同じ車を使うため、利用時間の違反や車内の汚れなどサービスの質の維持が問題となりがちだ。しかし、同社はIoTやGPSを活用して、車両や利用状況から得られるデータに基づくポイント制を用いることでマナーの良い使い方をするドライバーが好条件を受けられるようにして、優良ドライバーの確保と高いサービスの質を保つ仕組みを実現している。たとえば、利用中の給油やエコドライブなどを行うことで利用者のポイントが加算され、割引などに反映される。また、ポイントのステージが上がると受けられる特典が変わり、たとえば、予約が2週間前ではなく3週間前からでも可能になる。ドライバーにとっては大きい差なので、ポイントを集めたくなる仕組みだ。

　ポイント加算とサービスの関係がよく練られていることにも感心する。同サービスの使い方を学べるEラーニングを受けるとポイントが得られるが、そこであまり知られていない便利なサービスの認知度を高めたり、安全運転のアドバイスなどにつながり、結果として優良ドライバーを育成する流れをつくっている。このような積み重ねが、サービスの質を高めることにつながっている。

　当然、ドライバーの行動は同社のデータに蓄積される。最適な車の配置を計画したり、利用者の行き先などの情報はマーケティングに役立てられ、さらによいサービスを提供する、といった好循環をつくっているところが、このビジネスモデルの興味深い点だと思う。

066
獺祭

データとIT活用で実現した「素人による酒づくり」

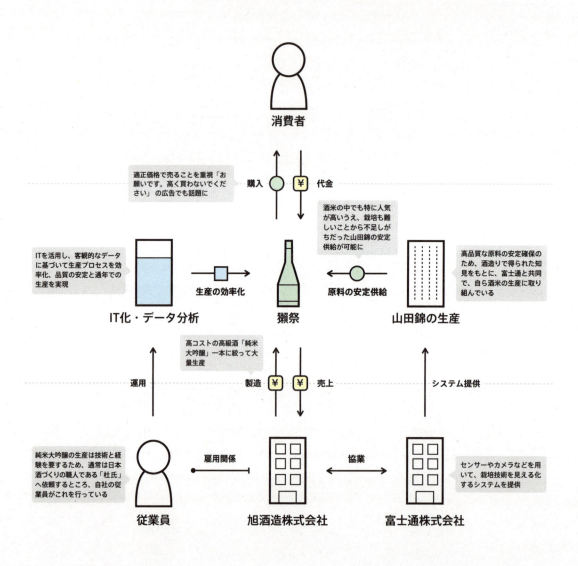

「通年生産」による圧倒的なトライアル&エラーが強み

華やかな香りは、日本酒の魅力のひとつ。原料となる米を磨き上げて、雑味を生み出す成分を取り除き、より香り高くクリアな味わいを目指すのが「純米大吟醸」だ。純米大吟醸のみに絞り込んだラインナップで、ひと際有名なブランドが「獺祭」。フレンチの巨匠の故ジョエル・ロブション氏とタッグを組んでパリに出店するなど、近年のSAKEブームの立役者といっても過言ではない。

元来、酒づくりの世界においては「杜氏」の存在が欠かせないとされてきた。杜氏は、熟練した技術と経験を有する専門家集団であり、酒づくりのシーズンに合わせて外部から招くことが多い。しかしながら「獺祭」を産み出す旭酒造において、杜氏の姿は見られない。担い手の不足もあって、職人技に頼ることなく社内で完結する体制へ切り替えたのだ。

いわば、「素人」による酒づくり。そんな常識を打ち破るチャレンジを支えたのは、徹底したデータ分析とITの活用だった。それまで職人による勘と経験に委ねていた酒づくりの工程を見える化し、数字とマニュアルに基づく作業へと分解していく。こうした取り組みを通して、高いレベルで品質が安定し、気候や季節といった外部環境に左右されない、通年生産が可能となった。通常1人の杜氏が行う仕込みの回数は年間で50回ほどだが、獺祭では1700回を数える。圧倒的な量のトライアル&エラーを経て、より一層データが蓄積され、ますます生産性が向上するという好循環を築いている。

また、獺祭の酒づくりに欠かせない高品質な酒米(山田錦)は生産量が限られており、奪い合いとなりがち。そのため需要に応じた量を供給できず、獺祭はプレミアム化してしまう。これを打破するため、獺祭は、酒米の生産においても、データとITの活用に活路を見出した。富士通と共同で生産マネジメントシステムを導入、酒米の栽培農家と知見を共有し、生産性の向上を図っている。

2018年には、米国のニューヨーク州に拠点を設立し、現地の素材を用いた酒づくりに取り組んでいる。「日本酒」の常識を覆すようなチャレンジに、これからも期待したい。

Google Home

声だけで操作できるGoogleのスマート家電

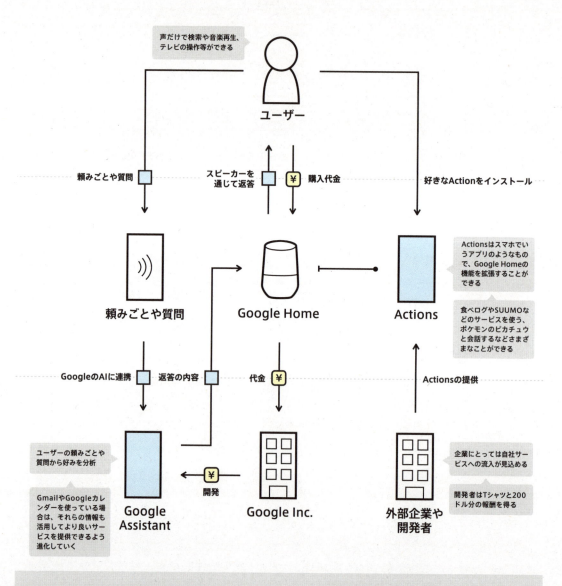

「応答装置」としてのスピーカー

「Google Home(グーグルホーム)」は、スマートスピーカーと呼ばれる新しいカテゴリーの商品。これまでのスピーカーの機能は、音声の出力に限られていたが、スマートスピーカーの機能は多彩。タイマーとして使ったり、テレビや照明のスイッチを入れたり、天気や通貨の換算などのさまざまな問いに答えてくれたり……。これをGoogleは個人の「アシスタント」と位置づけている。たとえば気温を尋ねれば、ユーザーの家のある場所の気温を答えるというように、「その人に合わせた答えを返してくれる」のが、このスピーカーの新しさ。

従来のスピーカーは単なる「出力装置」だったのに対し、スマートスピーカーは、「入力・データ処理・出力」の機能をもった「応答装置」。音声でいろいろと調べられるようになったことで、文字入力の苦手な子どもや高齢者へとユーザーの広がりが期待されている。

スマートスピーカーは、ユーザーからの問いに応答するために、音声認識、翻訳、検索、発話のそれぞれが高度なレベルで実現されて初めて製品化できる。これらの機能の中核となる部分はGoogle Assistantという名前で、スマートフォンアプリとしても使われている。ポイントは、音声データをクラウドに送って処理している点で、Googleが長年かけて培ってきた検索のテクノロジーが、音声データの処理と結びついている。

Google Homeの販売は、Googleにとって2つの大きな目的がある。1つめは、これまで取得が難しかったパーソナルな空間の情報を取得すること。2つめは、その収集したデータを活用して、新しいビジネスをつくり出すこと。

前者については、今まで検索エンジンやGoogleのサービス(カレンダーなど)で得たパブリックな情報だけでは得られなかった情報を取得することでよりユーザーの好みを理解し、個人データの利用価値を高めることにつながっている。後者は、「誰に」「どんなサービスや情報を提供できるか」というような、その人に最適なサービスを生み出すことにつなげようとしている。今後Google Homeから得た情報でどんなビジネスが生まれるのか、その可能性がとても楽しみ。

FASTALERT

068
取材のあり方を変えた「記者のいない通信社」

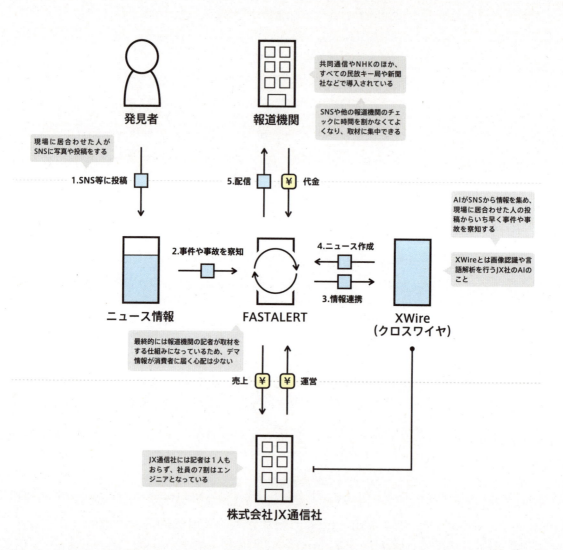

AIがSNSなどからニュースになりそうな情報をキャッチ

「通信社なのに記者がいない」ということをはじめて知ったときは衝撃的だった。レストランにコックさんがいないのと同じようなものではないか、と。でも、「FASTALERT（ファストアラート）」というサービスを運営している株式会社JX通信社には本当に記者が1人もいないらしい。

では、どうやってニュースを拾っているのか。実はAIが記者の代わりの役割を担っている。FASTALERTのAIは、SNSや他社メディアなどからニュースになりそうな情報がないかを常に探している。そして事件や事故と思われる一次情報を見つけると、FASTALERTを通じて各報道機関に配信される。報道機関の記者はその情報について取材をして裏を取るので、ウソの情報が報道される心配は少ない。

メディア運営事業者は、FASTALERTを導入することで、事件・事故・災害などの一次情報を発生直後や報道前のタイミングで入手・確認ができるうえに、他社報道の監視の時間・手間も大幅にカットすることが可能になっているという。

「AIが人の仕事を奪う」などと言われているけれど、このサービスによって報道機関の記者は、人じゃないとできない仕事に時間を使えるようになった。代表取締役の米重克洋氏は、もともと報道業界の労働集約的な構造や、広告・課金収入が減ることで取材などにかけられる費用が減り報道記事の質が低くなることに問題意識を持ち、このサービスを立ち上げたという。

この衝撃の大きさは、主な取引先と株主を見ればわかる。国内の主要テレビ局にはすべて配信されているし、株主として共同通信社や株式会社QUICKなど大手通信社が参加している。ちなみにFASTALERTと同じAIを使用した、個人向け「ニュース速報」特化型アプリ「NewsDigest」も運営していて、すでに100万DLを突破するほど拡大している。

069

KOMTRAX

建設機械大手のコマツが仕掛けるIoTビジネス

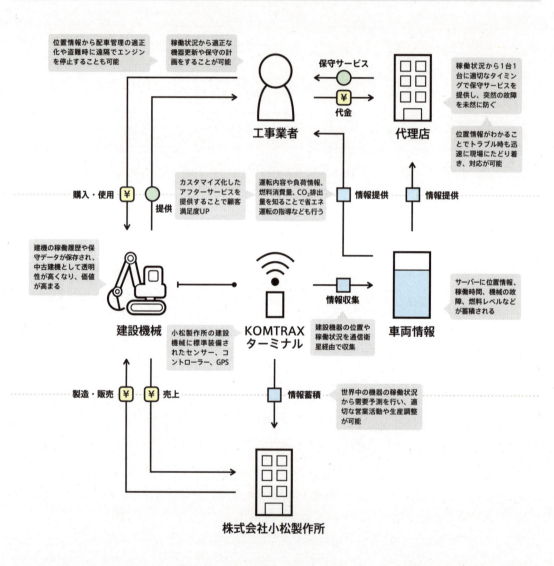

世界中の建設機械をモニタリング

「KOMTRAX（コムトラックス）」は、世界第2位の建設機械メーカーであるコマツの機械稼働管理システムのこと。ブルドーザーなどの建設機械に、GPSとその他のセンサーをモニターし、発信するユニットを組み込んでデータを送出することで、どの機械がどこにあって、エンジンの動作有無、燃料の残量、機械の稼働時間や稼働率などが、コマツのオフィスでわかるようになっている。

KOMTRAXは、建設機械の管理主体をユーザーからメーカーに移行するとともに、コマツを建設機械の売り切りというモノビジネスから、情報サービスへとビジネスモデルを変化させた。KOMTRAXは日本のIoT先行事例としてとらえることもできる。

1990年代、中国で建設機械の盗難が横行、日本でも盗んだ油圧ショベルでATMを破壊する事件が多発し、その対策が検討された。その際、飲料メーカーが自販機のデータ送信により遠隔でどの製品がどれだけ消費されているかモニターしていることなどを参考に、GPSの位置情報を発信することに。そして、1998年にエンジンやポンプのコントローラーから情報を集めてコマツのセンターにデータを送る仕組みを開発したのがKOMTRAXの始まりだ。その後、500m移動するとお知らせメールが飛び、サーバーからエンジンを停止し、盗んだ機械が動かせなくなるようにしたことから、コマツの機械は盗まれにくいという評判が高まった。

KOMTRAXによって部品の状況が常時モニターされると、故障が起こる前に手が打てたり、機械を長持ちさせたりでき、コストの削減につながる。顧客に対しては、機械の使い方のデータからオペレーターのスキルの良し悪しを見抜き、スキルアップのためのアドバイスや、工賃や経費の削減などの踏み込んだ提案ができるようになった。それにより、「コマツでないと困る」という声が高まり、ビジネスがより強固になった。さらに、コマツは世界のどの地域でどの程度機械が稼働しているかという情報をもとに、需要予測や生産計画など、経営にKOMTRAXデータを活用している。

YAMAP

070

圏外エリアでも現在位置がわかる地図アプリ

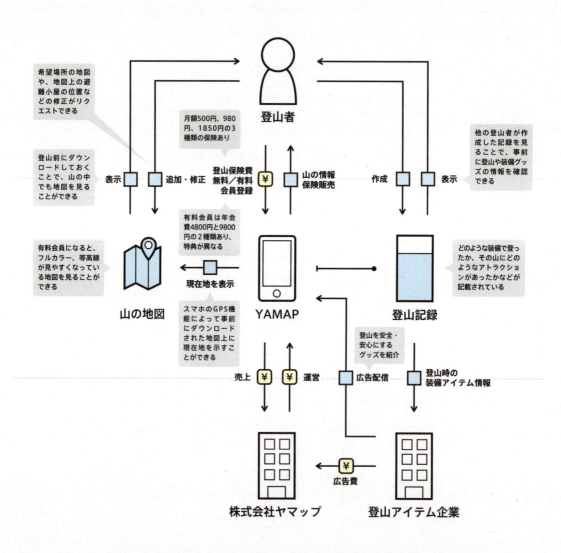

スマホのGPSで登山も安全に楽しめる

「健康寿命」という単語をよく耳にする現代社会において、登山は老若男女問わず人気が高いアウトドア・アクティビティ。一方で、登山人口が増えるのにともなって、遭難事故も年々増えていっている。その主な原因は、「自分の現在地がわからなくなってしまうから」である。なぜなら、山の中などは電波が届かないため、一般の地図アプリを使うことができないからだ。その課題に対して、スマホのGPS機能に着目することで、登山やアウトドアにおける安全・安心を届けるのが地図アプリサービスの「YAMAP（ヤマップ）」。

登山前にあらかじめ地図をスマホにダウンロードしておくことで、電波の届かない山の中でも自分の位置を確認できる。これまでも山の中で現在地を知ることができる専門機器はあったけれど、高価で操作方法も難しかった。そこで、登山を楽しむ年齢や性別が拡大してきたことにYAMAPは目をつけ、多くの人が持っているスマホを「命を守る道具」に変えるサービスをつくった。

YAMAP内には、ユーザーが登山記録を残せる「活動日記」という掲示板がある。これによって、登る予定の山に関する情報だけでなく、登山時に準備するおすすめアイテムなどを知ることができたり、新たなコミュニティ形成の場にもなっている。

アプリダウンロード数は80万件を超えており、業界内でトップを走っている。アクティブユーザー数は50万人、月間のPV数は1億回、ユーザーが投稿する活動日記の数は約155万件。この驚くべき数字は、顧客満足度の高さを物語っている。

2014年のグッドデザイン賞受賞・ベスト100獲得を皮切りに、経済産業省の「新事業創出のための目利き・支援人材育成等事業」認定や、雑誌『AERA』の「日本を動かすベンチャー100」選出など数多くの受賞を果たしている注目のサービス。 また、2018年には合計14社から総額12億円の資金調達を行い、さらなる業界内外との連携拡大や基盤構築を進めていく。

071

陣屋コネクト

効率化に苦しむ旅館を救う経営管理システム

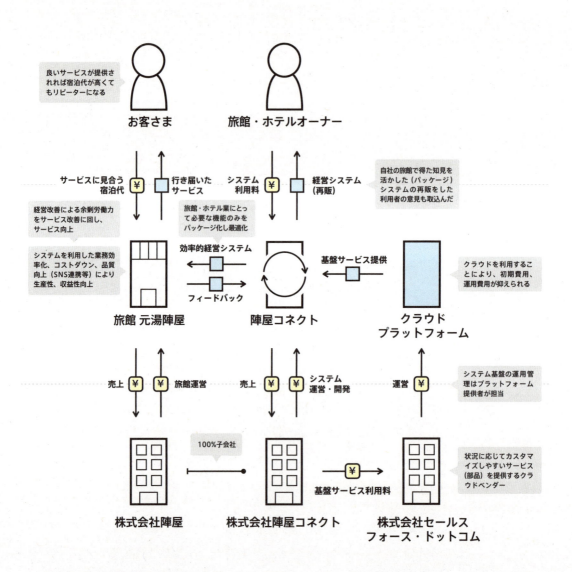

自社の改善成果を業界全体に広げた「おもてなしの心」

　旅館管理システムを提供する「陣屋コネクト」は、もともと自社の負債解消のために経営をエンジニア目線で分析し、自社の経営改善をするためにはじまったシステム。

　旅館を運営する陣屋の経営を継いで、システム開発を行った宮﨑富夫氏は『ハフポスト日本版』のインタビューで陣屋コネクトを広めた理由を次のように語っている。「日本の旅館の面白さは、それぞれのブランドや個性があって、その個性を活かしながら、おもてなしの心を発揮するところにある。その面白さが消えていくのは寂しいですし、消えていってほしくない」。

　しかし、他のノウハウや資金の不足からシステム化による効率化ができず、困っている旅館が多いことを知り、自社で開発したシステムを他社も利用できるよう提供しはじめた。それが今の「陣屋コネクト」というクラウドパッケージにつながっている。

　もともと、このシステムのために利用している大手外資系クラウドサービス提供会社は業界では有名で、日本での成功事例として陣屋コネクトもよく取り上げられていた。同サービスの調査をする過程で、いまだにシステム化に取り組めていない業界が多くあることもわかってきた。

　システムを持ち込む人とシステムを利用する人のギャップを埋めなければ、なかなか前に進まないことも多い。そういう意味では、旅館を立て直す主役となった経営者がエンジニア出身ということが陣屋コネクトの成功を生んだのだと思う。システム化のギャップを埋めるためにいちばん必要なのは、情熱をもって取り組む経営者の存在だと感じさせられた事例である。

　図解には表現しきれなかったが、陣屋グループは「日本の旅館と観光を、もっと元気に」という思いで、陣屋コネクト以外にもさまざまな取り組みをしていて、これからの事業展開がとても楽しみである。

コエステーション

072

「声を提供したい人」と「声を使いたい人」をつなぐ

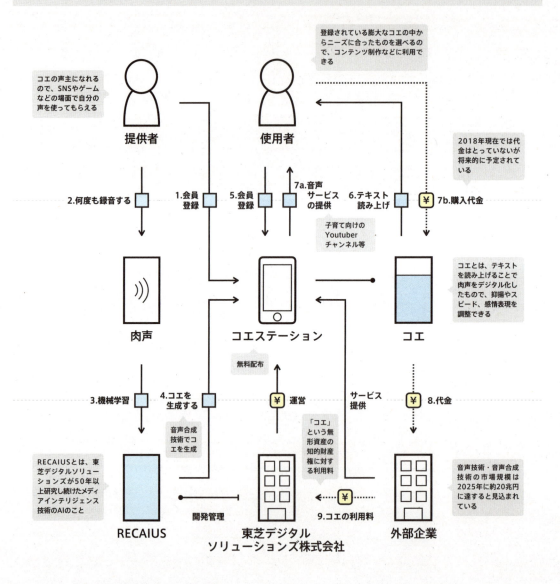

東芝系企業が運営する「人の声」のプラットフォーム

「コエステーション」は、声の提供者と利用者をつなぐプラットフォーム。コミュニケーションAI「RECAIUS（リカイアス）」の音声合成技術を用いて、録音した肉声をデジタル化して集約している。その技術研究には音声・映像・知識処理分野で50年以上の技術の積み重ねがあり、東芝デジタルソリューションズ株式会社という企業が運営している。

アプリで会員登録を行うと、声の提供や声の使用が可能になる。自分の声を提供したい人は、表示される文章を繰り返し読み上げて録音することで、AIの音声合成技術がその人自身の肉声を「コエ」として生成する。

一方、「コエ」を使用したい人は、膨大なデータの中から自分のニーズに合った「コエ」を選んでテキストを入力すると、Youtuberチャンネルなどのコンテンツでしゃべらせることができる。

これまで音声サービスの声は、既定のテキストの棒読みで、無感情に読み上げるものがほとんどだったけれど、このコミュニケーションAIは、自由なテキストで抑揚やスピードを調整して感情を表現することを可能にした。

コエステーションを使えば、映像コンテンツ用のナレーションを作成したり、好みの声優の声でナビガイドをしてもらったりすることもできる。SNS上で声の提供・使用が可能になったことにより、今後SNS上のコミュニケーションがよりアナログに近づきそう。

音声技術・音声合成技術の世界市場規模は2025年に約20兆円に達すると見込まれている。現段階では、アプリが無料でリリースされ収益化はなされていないけれど、プラットフォームとしてのコエステーションの登場は、顧客の新たな潜在ニーズにアプローチし、これまでにないサービス・ビジネスの創出が期待できる。

073
SmartHR
面倒な人事労務手続きを軽減するオンラインサービス

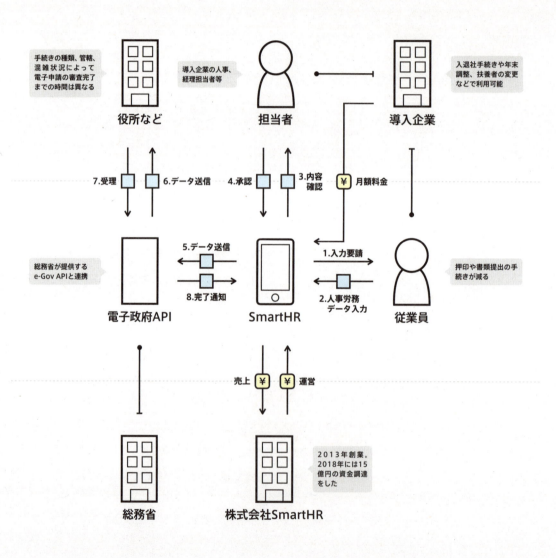

| 人事労務の手続き | 起点 | 定説 | 面倒な書類作成 |
| | | 逆説 | 簡単なオンライン作成 |

アナログな労働手続きの書類作成をWeb上で完結

従業員の入退社手続きや年末調整、扶養者の変更など人事労務の仕事をオンラインで手続きできるサービス「SmartHR（スマートエイチアール）」。

2013年1月に創業され、2015年11月にサービスをリリース。現在では約1万社で導入され、その企業規模は中小から大企業までと幅広い。またサービスの継続利用率は99％超を誇り、2018年1月には15億円の資金調達に成功した。

サービスの背景として日本は社会保険・労働保険分野の各種手続きでオンライン利用率が低いことが挙げられる。他の手続きと比較しても登記68.4％、国税60.1％だが、この分野はわずか11.8％の利用率。

そのため、企業内での社会保険・労働保険の各種手続きは手書きで行われているので、人事労務担当者や従業員にとっては面倒な作業になっている。従業員1人分の入社書類を手書きで書いた場合にかかる時間は約1時間。その書類を提出しに役所へ行く場合は、さらに4時間ほどかかる。

一方、SmartHRを利用すると、従業員が自分の情報を入力するだけで各種書類が自動作成され、人事労務担当者はオンラインでその内容を確認し、承認すれば完了する。今まで社会保険や労働保険にかかっていた作業時間が大幅に削減される。

また、総務省が提供している電子政府の外部APIを利用することで一部の書類はオンラインで手続きを完了することもできる。導入企業の人事や経理の担当者がわざわざ年金機構やハローワークなどの役所に行く必要はなく、手続きが完了するまでの待ち時間がなくなるところがすごい。

通常オンライン手続きをするためには認証局が発行する「電子証明書」が必要。そこでSmartHRは導入企業、もしくは顧問社会保険労務士が代理で発行することでオンライン手続きを実現している。これからも社会保険・労働保険分野のクラウド自動化について、さらなる拡大に期待したい。

074 ピリカ
「ポイ捨てデータ」を集めたゴミ回収SNS

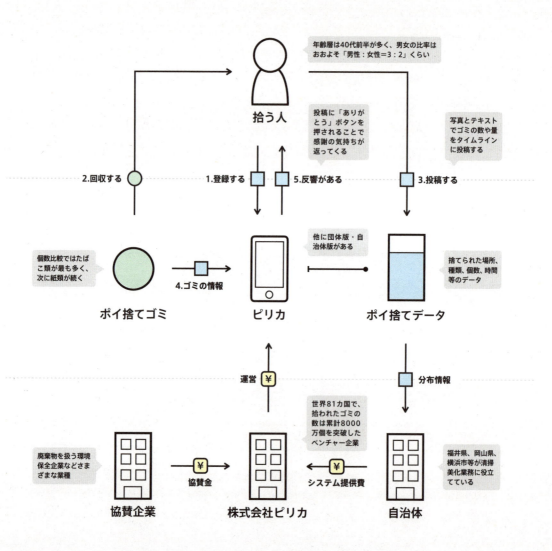

ポイ捨てゴミのデータが新しい価値を生む

「ポイ捨て」は、日本では軽犯罪法に抵触する違法行為。ただ、いつ誰が捨てたのかわからないゴミについては取り締まりづらいので、実際にそれを回収するのは自分たちの街を清潔にしたいというボランティアの集まりが自主的に取り組んでいるのが現状。そのため、活動を継続するのが難しいという課題があった。

「ピリカ」はゴミ拾いに取り組む層に向けた無料のSNSアプリ。「いつ、何が、どこに捨てられていたのか」を可視化して、SNS上でユーザー同士に感謝のフィードバックが生まれる仕組みをつくり、ゴミ拾いの活動を持続しやすい環境を生み出した。

アプリのユーザーは回収するポイ捨てゴミの写真を撮って投稿するだけ。今までは誰も把握してこなかった捨てられたゴミの種類や場所、時刻などのデータを蓄積・可視化し、どれだけのゴミが回収されたのかを定量化できるようにしたので、この情報に新しい価値が生まれた。たとえば、福井県や横浜市などの自治体は、データを清掃活動の促進や都市の美化施策改善に役立てている。そのうえ、ユーザーへの金銭的なリターンは何もないにもかかわらず、サービスは60万人以上に利用され、2014年には黒字化を達成した。広告や地域貢献活動のPRといった企業協賛に加え、自治体の美化推進や環境啓発の予算を獲得することで収益を得ている。

2018年現在までに、ピリカを通じて拾われたゴミの累計数は世界81カ国で8000万個を超えた。さらに同社では、AIによる画像認識技術で街のポイ捨てゴミの量や種類を計測する調査システムや、川から海へ流出するプラスチックゴミの量を計測するハードウェアなども開発・提供することで、ポイ捨てゴミ問題の根本解決に挑戦している。

075

マークラインズ

買い手市場の中で「売り手重視」の自動車産業情報ポータルサイト

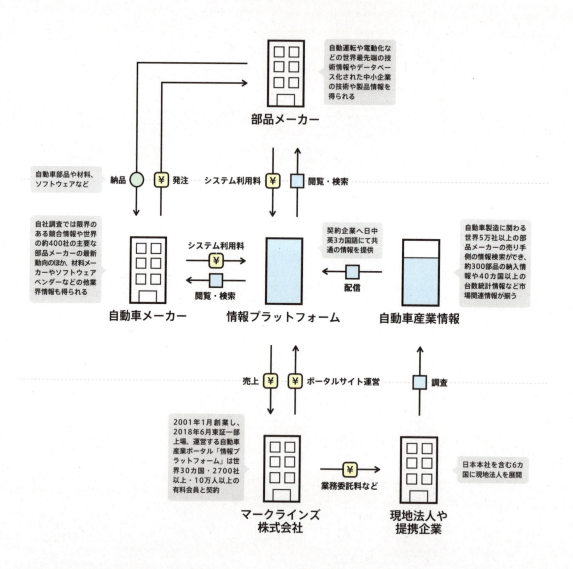

| 自動車製造にかかる情報 | 起点 | 定説 | 自動車メーカーの系列内でローカルで閉鎖的 |
| | | 逆説 | 自動車メーカーの系列を問わずグローバルでオープン化 |

買い手優位の自動車産業に革命を起こす

7期連続で最高益を更新し（2018年7月時点）、世界で唯一ともいえる3カ国語（日中英）に対応した自動車産業情報をオールインワンで提供する「情報プラットフォーム」を運営するのが、「マークラインズ」。

自動車産業の売り手である部品メーカーは、自動車の全部品のうち約70％を買い手である自動車メーカーへ卸している。従来の国内の自動車産業は、自動車メーカーは自社系列の部品メーカーから部品を調達するピラミッド型の分業構造だった。そのため、買い手である自動車メーカーが強い市場環境になり、売り手側の部品メーカーは常にコストダウンを要求されやすい。加えて、自動車メーカーの海外進出も増え、自動車の製造には最先端技術の利用が求められている。結果として部品メーカーも限られた経営資源の中で設備投資による技術革新や生産性の向上を行う必要に迫られてきた。

これまで系列内のクローズドな環境下にあった部品メーカーは、系列外の自動車メーカーや海外市場での営業機会の拡大や最先端技術の獲得のための情報を収集するには、膨大なコストや手間がかかる。このような市場背景の中で、2001年日産自動車時代に部品の調達部門を担当し、その後ベンチャーキャピタルや二輪車ポータルサイト運営会社の社長などを経た酒井誠氏が、マークラインズ株式会社を設立した。同社は買い手中心ではなく、売り手を中心とした自動車産業情報に関するB2Bプラットフォームを構想してつくられた。

マークラインズが提供する自動車産業ポータル「情報プラットフォーム」は、月額4万〜10万円の利用料金で、契約者へ共通の自動車産業情報が提供される。結果、世界30カ国以上、2700社超、有料会員10万人以上が契約し、自動車の開発・生産・販売などのサプライチェーンを形成する自動車メーカー、部品メーカー、材料メーカー、設備・機械メーカー、ソフトウェアベンダー、商社・運輸業、官公庁や研究機関などに利用されているなど、世界で唯一無二の自動車産業情報として欠かせないプラットフォームに成長した。

GitHub

076

ソフトウェア開発のためのソースコードを共有化

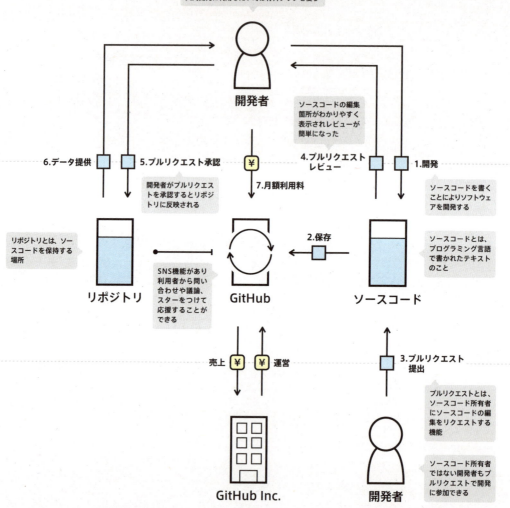

Microsoftが注目する開発プラットフォーム

　今使っているインターネットサービスは何でできているか知っているだろうか。どんなインターネットサービスももとをたどれば、開発者であるプログラマーが「ソースコード」と呼ばれるコンピュータにわかる言語で書き上げたたくさんの文字列からできている。

　開発者たちが使う言語やツール、ソースコードの書き方はさまざま。開発の方法が複数存在するため、現実の仲間同士なら解決できるようなことも、ネット上の会ったこともない人同士で開発するとコミュニケーションコストがかかったり、メンバーへのサポートが十分でないことが原因で開発者の技術水準や専門性が必要とされ、誰でも簡単に参加することができないという問題があった。

　「GitHub（ギットハブ）」は、開発に必要なソースコード共有、Wiki、コミュニティを1つのサービスにまとめ、世界中の開発者たちが、インターネット上で異なった方法や言語でも同一のサービスを使って簡単に共同開発することができるようにした。

　具体的には、誰かのつくったソースコードに対して編集をした場合は変更部分だけをプルリクエスト（反映依頼）という形でわかりやすく表示する。これにより2つのメリットが生まれた。1つは、複数人の開発者間で同時に開発がしやすいこと。その結果、開発効率が劇的に上がった。もう1つは、ソースコードを中心に生まれるコミュニケーション。リポジトリ（データの貯蔵庫）への評価承認が受けられたり（いいね！みたいな感じで）、コードへのコメントや議論の記録、ルールのドキュメントをWikipediaのように編集保存できる。また、開発者が集まりコードのレビューが進むことで、新しい開発手法が生まれる。

　競合サービスも同様の機能は持つが、GitHubは機能開発を先行し、大きくユーザーを取り込み急拡大、開発ツールのスタンダードになっている。開発者採用ではGitHubのアカウントがポートフォリオに使用されるほど大きな支持を集めている。ユーザー数は2018年6月現在世界で2800万人。また、2018年6月にMicrosoftが75億ドルで買収計画を発表した。

Checkr

個人の身元調査を簡単にする統合検索エンジン

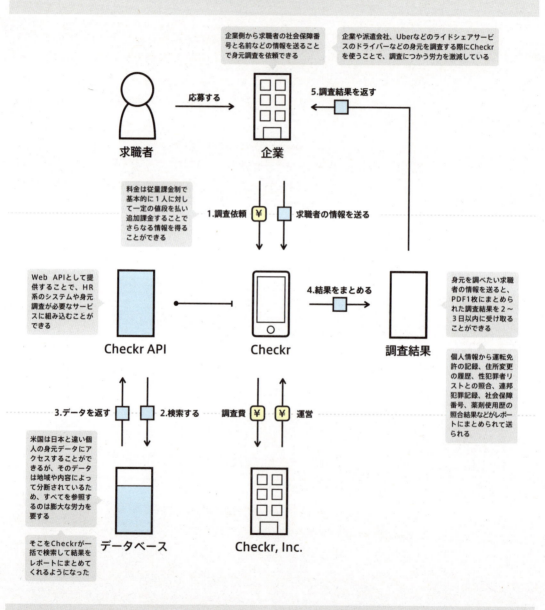

シェアリングサービスの拡大で身元調査市場が活性化

「Checkr（チェッカー）」は、米国発の身元調査を代替してくれる仕組みを提供する企業。同社が伸びている背景には、米国における身元調査市場の盛り上がりがある。理由は2つ。

1つは、シェアリングサービスの急速な拡大によってユーザーの身元の透明性、信頼性が重要だと叫ばれるようになってきたこと。シェアリングサービスとは、ユーザーの空いているリソース（時間、空間、労力、知識など）を、それらを必要としている他のユーザーと文字通りシェアするサービスのこと。AirbnbやUberもシェアリングサービスに分類される。同サービスには、ユーザーの身元を調査しないままプラットフォームに入れてしまうという大きな問題がある。米国では、いきなりこれらのサービスが拡大したゆえに、細かい個人の身元調査を行わないまま、ユーザーが増えてしまった結果、実際に凶悪な問題も起きてしまっているのが現状だ。

もう1つは、米国の独特な個人情報管理の仕組みにある。米国では日本と違い、個人情報をはじめ、犯罪履歴、ドラッグ使用履歴などは申請すれば、誰でもアクセスできるが、すべての情報が統合されておらず、犯罪情報だけでも、郡や州、連邦でそれぞれ分断した状態で保存されている。そのため身元を完全に調査するには膨大な時間がかかり、その結果出力される資料は数十枚にも及んでいた。

そうしたジレンマに目をつけたのがCheckrだ。身元調査のために分断されているデータベースを統合して一括で検索し、検索結果をPDF1枚にまとめてくれるWeb APIという仕組みを開発した。これは企業が求職者の身元調査をする際に、社会保障番号や個人情報を送ることで、Checkrが一括でデータベースを検索し、検索結果（運転免許の記録、住所変更の履歴、性犯罪者リストとの照合、社会保障番号、薬剤使用歴の照合結果など）をまとめて返してくれるというもの。この仕組みを提供することで、身元調査にかかる時間を、最短で1時間ほどから最大でも2〜3日で結果を出力できるようにした。急速な勢いで成長するサービスで起こる凶悪な事件は、ユーザーのサービス離れを引き起こしかねない。ユーザーの信頼性を担保するサービスづくりに欠かせないCheckrのこれからに目が離せない。

「情報」のビジネスモデル
まとめ

「情報」の章で紹介した事例は、さらに「どのようなテクノロジーを使っているか」によって「技術革新系」「データ活用系」「ネットワーク系」の3つに分類できる。

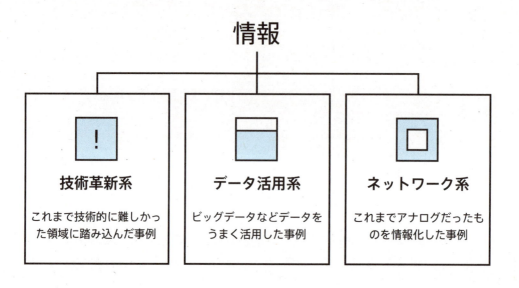

技術革新系

Amazon Go / FASTALERT / コエステーション / Checkr / Google Home / 芝麻信用 / GitHub

Amazon Goは自動運転技術を応用した仕組みで、どの商品を購入したのかを読み取りレジの無人化を実現した。コエステーションは声を読み取るAIを開発し音声合成を可能にした。FASTALERTは画像認識や言語解析を行う技術で迅速に事件を察知できるようになった。

データ活用系

Farmers Business Network / ZOZOSUIT / クラシル / タイムズカープラス / ピリカ / プチローソン / Airレジ / Tokyo Prime / KOMTRAX

プチローソンは、オフィス内コンビニを電子決済にして販売データと紐づけ、ニーズに適した陳列ができるようになった。タイムズカープラスはドライバーのデータを活用して健全なサービスを実現する。

ネットワーク系

Flexport / 陣屋コネクト / 獺祭 / MUJI passport / YAMAP / SmartHR / マークラインズ

Flexportは国際物流の貨物をすべてデータ化し、検索可能にした。マークラインズは自動車製造に関わる世界5万社以上の部品メーカーの情報を検索可能にした。獺祭は専門の職人しかつくれなかったお酒をIT活用によって生産を効率化して安定供給できるようになった。

第4章 ヒト

新たな「ステークホルダー」を巻き込む

利益を生み出す新しい商品やサービスをつくり出し、ビジネスを発展させていくためには、ヒトの力が必要不可欠。これまでつながりを持たなかった企業や団体を効果的に巻き込んだビジネスモデルを紹介する。

第4章 **ヒト** 新たな「ステークホルダー」を巻き込む

Humanium

078
違法な銃がおしゃれな時計や自転車に変わる

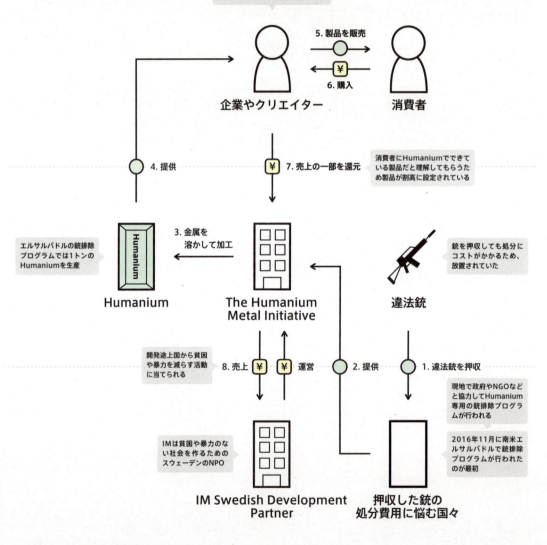

違法な銃を金属に変えて素材として提供する

「Humanium（ヒューマニウム）」とは、南米エルサルバドルで生まれた金属（レアメタル）のことを指す。2016年には、世界の広告やPR活動を表彰する「カンヌライオンズ国際クリエイティビティ・フェスティバル」で賞を受賞している。

押収した違法銃の処分にはコストがかかるため、エルサルバドル政府は対応に困っていた。それを解消するためにThe Humanium Metal Initiativeは違法な銃を集めて分解、金属を加工してHumaniumを生み出した。Humaniumは企業やクリエイターに提供され、時計や自動車の原料などの製品に取り入れられる。

一方の企業は、Humaniumを製品に使用することでブランド価値を高め、社会貢献をすることができる。製品を販売して得た利益は暴力や貧困を減らす活動をするスウェーデンのNPO「IM Swedish Development Partner」に還元される。つまり消費者はHumaniumを使った製品を手にすることで、違法銃に対するさまざまな問題について認識を広めることができる。

この仕組みの最もすごいところは、リサイクルによって生み出された利益が、さらなる銃の回収や開発途上国から貧困や暴力を減らすための取り組みに当てられているところ。結果、サステナブル（持続的）な違法銃を減らすプログラムになっている点だ。このサプライチェーンを確立するのに2年以上費やしたという。

2016年11月のエルサルバドルからはじまったプログラムは東南アジアやアフリカなど世界各国に広がり、地元の所得創出も生み出している。The Humanium Metal Initiativeによると世界に違法銃は何億丁もあり、毎日1500人が命を落としている。暴力のない未来へ向け、この運動が今後も広がることが期待されている。

http://humanium-metal.com/ より

ソーシャルインパクトボンド

079

「公共事業はお金がかかる」を覆す、すごい仕組み

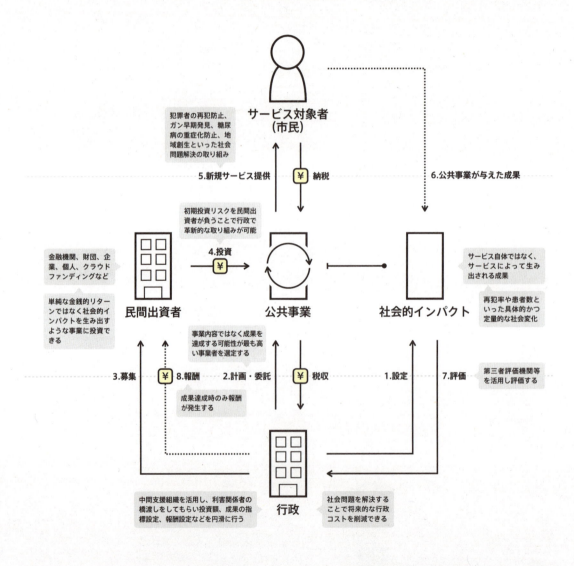

公共事業　起点　定説　成果にかかわらず費用がかかる

逆説　成果に合わせて費用がかかる

民間投資家を巻き込む行政主導の取り組み

「ソーシャルインパクトボンド(SIB)」とは、2010年にイギリスではじまった、民間資金を活用した官民連携による社会課題解決の仕組みだ。

こう書くと少し難しく感じるかもしれないが、要するに、今まで行政がサービスを行うときに民間の事業者に委託していた事業について、活動に対して金銭を支払うのではなく、成果報酬で支払うようにするというもの。これまでは成果にかかわらず行政が事業費用を負担していたため、もしうまく成果が出なかった場合の費用にムダが出やすかったが、成果連動型の業務委託契約では、そのような問題に直面しづらい。

成果報酬とする場合、「事業をはじめる最初の資金はどうするか?」という問題が生じるが、SIBでは、民間の資金提供者から初期投資をしてもらう構造となっている。資金提供者に対しても、事前に合意された社会的成果が出たらリターンが出る仕組みであるため、社会解決に貢献できるだけでなく、新たな資金活用の機会としても、投資家や民間企業の注目を集めている。

このような仕組みを採用することで、行政は財政的なリスクを抑えながら、公共的な事業にチャレンジしやすくなる。

今、世界中でSIBの取り組みが行われており、日本でもパイロットテストが済み、神戸市(兵庫県)や八王子市(東京都)で具体的な実施がはじまっている。日本財団によれば、すでに16カ国60件以上、約220億円の規模で広がっているとのことだ。

まだ成功事例が少ないこともあって、実験段階の面もあるが、民間企業やNPOを巻き込んで行政がチャレンジする事例が増えるのは、社会的な意義も大きく、今後に期待したい。

080
SCOUTER

「友人・知人のネットワーク」を活用した転職エージェント

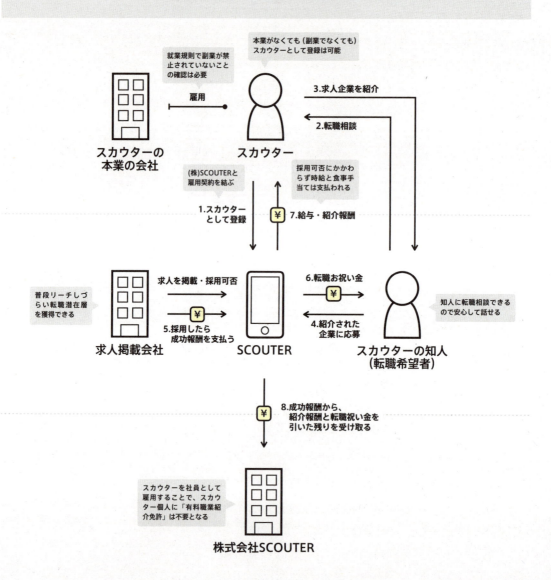

個人のつながりで実現する「副業ヘッドハンター」

　転職市場は、ふつう、転職希望者が人材サービスに登録し、そのサービスを運営する会社のエージェントが転職先を紹介する構造になっている。しかし、「SCOUTER（スカウター）」では、サービスに登録するユーザー自身が「エージェント（スカウター）」となる。求人企業のニーズにマッチする人材を、ユーザーの友人・知人など身近な転職希望者の中からヘッドハンティングし、報酬を得る仕組み。

　SCOUTERの最大の特徴は、エージェントが「副業」として登録できる点にある。これまで人材紹介のエージェントは人材紹介会社の社員が、本業として行うのが常識だった。一方、SCOUTERは、「友人・知人を紹介する」という個人のネットワークによってマッチングの確率と質を上げるビジネスモデルになっている。副業によるエージェント活動を認めることで、より多くの（結果として多様な）ユーザーが登録しやすい。

　実は、「副業」という形態は、SCOUTERのビジネスモデルを成立させる重要な仕組みだ。本来、「就職（転職）希望者と求人募集企業とを結ぶことで手数料をもらう」には、有料職業紹介免許が必要。つまり、エージェントとして活動するには、ユーザー個人が免許を取得する必要がある。

　しかし、SCOUTERは労働局に確認をとりながら、このハードルを乗り越えることに成功した。有料職業紹介免許を持つ「株式会社SCOUTER」とユーザーが雇用契約を結び、同社の「労働者」として活動することで、ユーザー個人の免許は不要という形にしている。そのためユーザーは採用成約の有無にかかわらず、労働者として活動に応じた時給（1000円）を受け取る。

　社員が知り合いを紹介するサービス（リファラル採用）は今までもあったけれど、それは内部にいる社員が外にいる知り合いを紹介するもの。その点、「ソーシャル・ヘッドハンティング」と銘打ち、人材獲得の枠組みを広げたSCOUTERは、これまで転職市場にあらわれなかった潜在層にリーチしている点が挑戦的でユニークな試み。

081 ポプテピピック

ファンの間で熱狂的な人気を誇る「クソアニメ」

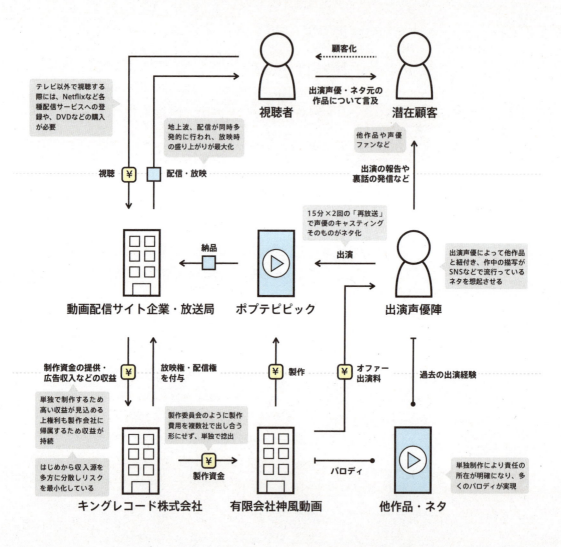

あえて「製作委員会方式」をやめ、リスクをとる

「ポプテピピック」は、ニコニコ動画などで熱狂的な人気を誇るアニメコンテンツ。12話すべて、ニコニコ動画での再生回数が100万回を超え、1話は史上最速で100万再生を突破、現在は300万を超えている。30分のアニメ枠にもかかわらず、最初の15分が終わったらエンディングが流れはじめ、次の15分ではほぼ同じ内容が再放送される（起用される声優は異なる）という前代未聞の作品。

なぜ、これだけの人気があるのか。もちろんいろいろな要因が考えられるけれど、特にビジネス上重要だったのは、「製作委員会方式」ではなく、「単独出資」にしていること。

製作委員会方式は、複数の会社が出資し合い、そのお金でアニメを制作するというもの。事業のリスクを分散できるため、これまで多くのアニメ制作で用いられてきた。アニメ制作元ではない複数の会社が出資するのは、アニメに関わる権利を基にさまざまなビジネスを展開できる点に旨みがあるから（ゲームや関連書籍など）。ただ、この方式にはデメリットがある。出資比率に応じて利益が分配されるため成功しても実入りが少ないことと、多くの関係者が関わるためにリスクをとったコンテンツをつくるための調整がしづらい。

ポプテピピックはキングレコード単独制作にすることで責任の所在が明確になり、多数のパロディ作品を実現するなどリスクをとりやすくなった。では、なぜ高いリスクをとることができたのか。1つの背景としては、お金を得る手段が多様化したことが大きい。放映と同時期にさまざまな動画配信サイトで配信し、それにより話題が生まれる循環ができている。実際、ポプテピピックはニコニコ動画やAmazon Prime Video、huluなどさまざまな配信サイトで閲覧できる。

なお、原作は大川ぶくぶ氏で、もともとは竹書房が出版元の4コママンガだった。竹書房は今回のアニメに一銭も出資していないと最終話で述べているため、図解の中には関係者として入れなかった。

082

GO-JEK

人だけでなくモノも運ぶ「インドネシア版Uber」

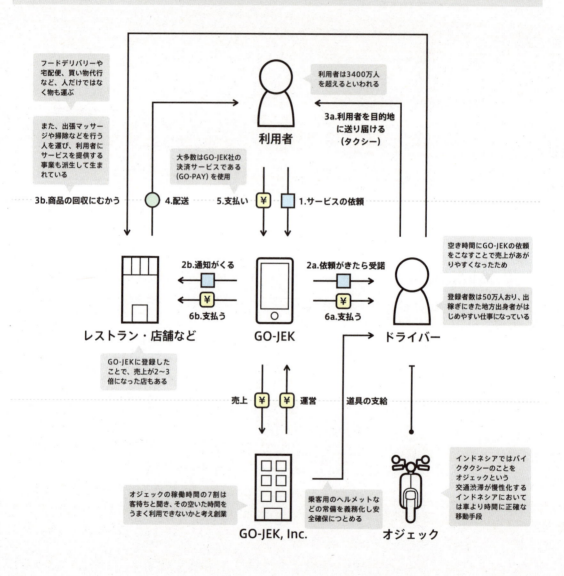

本家の「Uber」を撤退に追い込む

「GO-JEK（ゴジェック）」は、インドネシアで3000万人を超える利用者がいるといわれるバイクタクシーの予約システム。もともとインドネシアでは「オジェック」というバイクタクシーが日常的に使われていた。なぜなら、昔から交通渋滞が激しいので、車より時間に正確な移動手段であるバイクが重宝されていたから。

GO-JEKがすごいのは、オジェックで人を運ぶ「交通インフラ」にとどまらず、宅配やフードデリバリーや買い物代行まで、さまざまなモノやサービスを運ぶ「物流インフラ」をつくった点にある。さらには、出張マッサージや掃除を行う人を運ぶといった事業も派生して生まれている。もはやなんでもできる気さえする。

アプリを開いてオジェックを呼び出す仕組みだけみるとUber（米国発の配車アプリ）に近いけれど、もともと地域に根付いていた交通インフラを組織化できたという点が強み。

ちなみに、Uberは東南アジア地域に一度参入したのち撤退している（GO-JEKの競合にあたるGrabに事業譲渡）。地域特有のビジネス要因もあるだろうが、グローバルに展開する企業はそこまで考える必要があるから一筋縄ではいかない。

もともとGO-JEKのサービスがはじまったきっかけは、創業者がオジェックの稼働時間の7割が客待ちであると聞き、「その空いた時間を他のサービスにうまく活用できないか」と考えたことだという。実際、オジェックのドライバーは空き時間にGO-JEKの依頼をこなすことで売上があがりやすくなった。そうして地方出身者の多いドライバーに安定した職を提供している点も特徴になっている。

ドライバーはより多くのお金を稼げて、利用者はさまざまなサービスを受けられ、GO-JEKも儲かる。多くの人が得する仕組みをつくれたことも成功につながった要因ではないだろうか。

083 ビッグイシュー
ホームレスの自立を応援するための雑誌

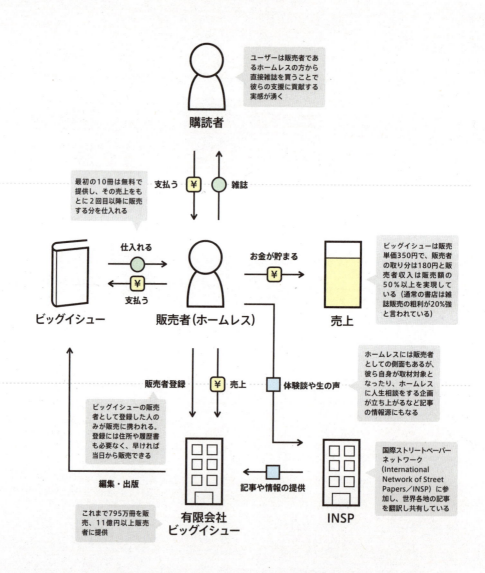

寄付や施しに頼らない支援ビジネス

「ビッグイシュー」は、ホームレス（路上生活者）の自立を応援する目的でつくられた雑誌。イギリスを発祥とし、日本を含む世界各地で販売されている。

ホームレスは路上などで雑誌を手売りするという役割を担い、売上の一部が取り分となる。1冊あたりの額は小さいけれども、取次（書籍・雑誌の問屋）を介さないため、通常より多い50％もの取り分が販売者に返ってくる仕組みになっている。現在は1冊350円で販売されていて、そのうち180円がホームレスの収入になる。2018年4月時点では、795万冊が販売され、11億円以上もの金額が販売者であるホームレスに提供されているというからすごい。

このモデルがすごいのは、ホームレスを救うために寄付や施しをするのではなく、あくまでビジネスの協力者としたところ。僕たちは社会的弱者に対して「助けてあげる」という感情を持ってしまいがちだが、ビッグイシューではホームレス自身が仕入れて自分で販売する。つまり自助による経済的自立を実現している。販売ルートに関しても、普通のビジネスではできるだけ増やすのが王道だけれど、「ホームレスを援助する」という目的を達成するため、販売できるのはホームレスに限られている。

日本版ビッグイシューの創刊者は、創刊の際に周囲の大反対にあったそうだ。そうした障害を乗り越えてきたパッションにも感動する。ただ、ここ10年で路上生活者は1万8564人（2007年）から5534人（2017年）へと7割減り、同時に販売者の数も3割ほど減ったという。「ホームレスが減る」こと自体はこれまでの活動の成果でもあるので、これを彼らは「ビッグイシューのジレンマ」と呼んでいるそう。

一方、最後の販売者が卒業するまで安定的に雑誌を発行できるよう、販売者がいない地域の読者に向けて定期購読制度をはじめており、2019年3月までに1000人、いずれは3000人を目標に定期購読者を募っている。

minimo

084

ミクシィがはじめたサロンスタッフを「直接指名」できるアプリ

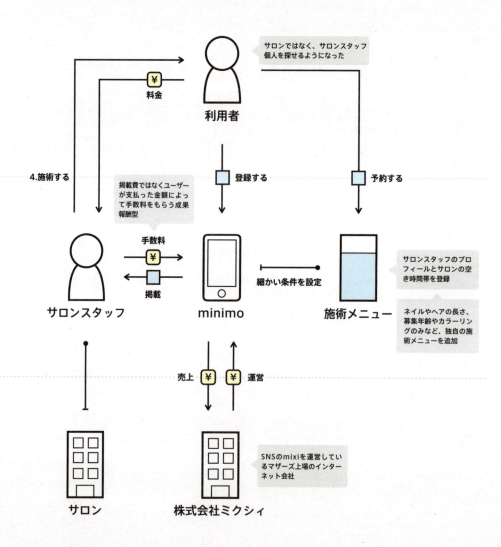

サロンスタッフと利用者が直接コミュニケーションできるツール

「minimo（ミニモ）」は、美容室やネイルサロンなどのスタッフを直接指名して予約できるアプリだ。2018年6月時点で、累計300万ダウンロードを超え、月間予約申し込み数は45万件以上、掲載サロンスタッフ数は4万人を誇る。

これまでサロン利用者は、立地や価格、雰囲気などから店舗を選ぶことが多かった。ところが、minimoの場合、スタッフ個人を指名し、サービスを予約する。事前にアプリを通じてスタッフとコミュニケーションを取ることも可能。

さらに、スタッフのキャリアに応じて料金やサービス設定ができるので、利用者にとっては通常より安く利用できるのも魅力的なポイント。

minimoを運営する株式会社ミクシィは、自社SNSのmixiの中にカットモデルを募集するコミュニティが数多く存在していることに注目した。そこからニーズがあるのではないかと考え、2014年にスタートしたのがminimoだった。

そもそも美容業界には「離職率が高い」という課題がある。1年後には約50％、3年後には80％の美容師がやめてしまう。長時間労働や給与の面のほか、美容師が技術職であることも関係している。技術を向上させるためには数多くのカットを経験する必要があるけれど、若手だと他のアシスタント業務もあり、そのチャンスもなかなか巡ってこない。そんな業界の構造的課題の中、minimoのようなスタッフと利用者の個人マッチングアプリが生まれたのは、ある意味必然の流れだと思う。

SNSの拡大で個人化が進むが、その波は美容業界にも押し寄せている。固定客となるスタッフ個人のファンを増やすことで、スタッフはやめることなく、持続的にサービスを続けられる。minimoが業界構造の問題にメスを入れていくことにつながるかもしれない。

085
Mikkeller

年間100種類の新商品を生み出す「設備を持たない」ビールメーカー

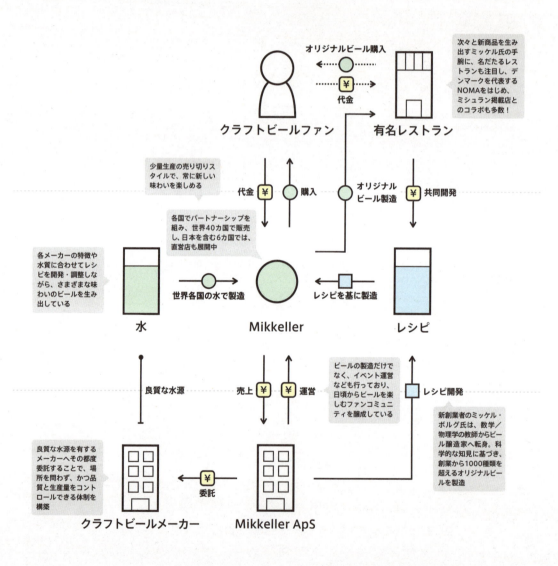

委託生産だからこそ土地や醸造所の魅力を引き出せる

他に類を見ない多彩なラインナップで、クラフトビールファンを魅了している、新進気鋭のビールメーカー「Mikkeller（ミッケラー）」。

ひと口にビールといっても、素材や製法によってさまざまなスタイルがある。琥珀色に輝くラガー、香ばしく深みのあるスタウト、フルーティーな味わいが魅力のエール。そのときどきの気分に合わせて選び、楽しむ。そんなこだわりを、大手メーカーと比べて小規模ながらも突き詰めたのが、クラフトビールというジャンルだ。

Mikkellerは、そうした個性的なつくり手の多いクラフトビール業界の中でも特に注目を集める存在で、2006年の創業から今までに1000種類以上、年間にして約100種類という、並外れたペースでオリジナルビールを生み出してきた。

同社を特徴づけるのが「ファントム」や「ジプシー」とも称される、自社で設備を持たない生産体制にある。数学＆物理学の教師だったミッケル・ボルグ氏による、アカデミックな知見に基づいた緻密なレシピは、当初からコンテストなどで高い評価を得ていた。その名声は、地元デンマークを代表するnomaをはじめ、米国のAlineaやスペインのEl Celler de Can Rocaといった世界に名だたるレストランがコラボレーションを熱望したことからもあきらかだろう。

一方で、高まる需要に対応するには、莫大な設備投資が必要となる。そこで採用されたのが、いわゆるOEM（委託者のブランドで製品を生産すること）の手法だが、クラフトビールの製造にあっては、委託先の個性を取り込めるというメリットもあった。自社ではレシピの開発に注力し、それぞれのビールに適した醸造所へ委託することで、各土地の水や各醸造所の魅力を引き出しながら、需要に応じた生産量を確保できる。それでいて、オリジナリティを失わない芯の強さこそ、MikkellerがMikkellerたるゆえんでもある。

日本を含む、世界6カ国で展開している直営店では、常時20種類ほどのビールが並び、そのどれもが圧倒的な完成度を誇る。最近では、自社のビールに合うラーメン店をオープンするなど、新たな可能性の追求に余念がない。Mikkellerは、単なる飲料を超えて、ビールの楽しみ方そのものを変えつつある。

086 ダイアログ・イン・ザ・ダーク

完全暗闇を体感するソーシャルエンターテインメント

暗闇の中、お互いに助け合うことでコミュニケーションやダイバーシティの気づきを得ることができる

参加者

- ファシリテート →（参加者へ）
- 参加 →（暗闇ワークショップへ）
- 参加費 ¥ →（ダイアログ・イン・ザ・ダークへ）

ダイアログ=対話

暗闇の中でコミュニケーションを楽しむソーシャルエンターテインメント

視覚以外の感覚を使ってアクティビティを行うワークショップ

アテンド（視覚障がい者）
- 安全な体験とさまざまな気づきを提供
- 暗闇のエキスパート
- 給与 ¥ ←（ダイアログ・イン・ザ・ダークから）
- 能力 →（ダイアログ・イン・ザ・ダークへ）

ダイアログ・イン・ザ・ダーク

暗闇ワークショップ

- 売上 ¥ ↓
- 運営 ¥ ↑
- 企業研修 ←（企業から）

一般社団法人ダイアローグ・ジャパン・ソサエティ

- 申込／研修費用 ¥ ←（企業から）

企業
- チームビルディングやリーダーシップなど、ビジネスシーンで必要な気づきを得ることができる

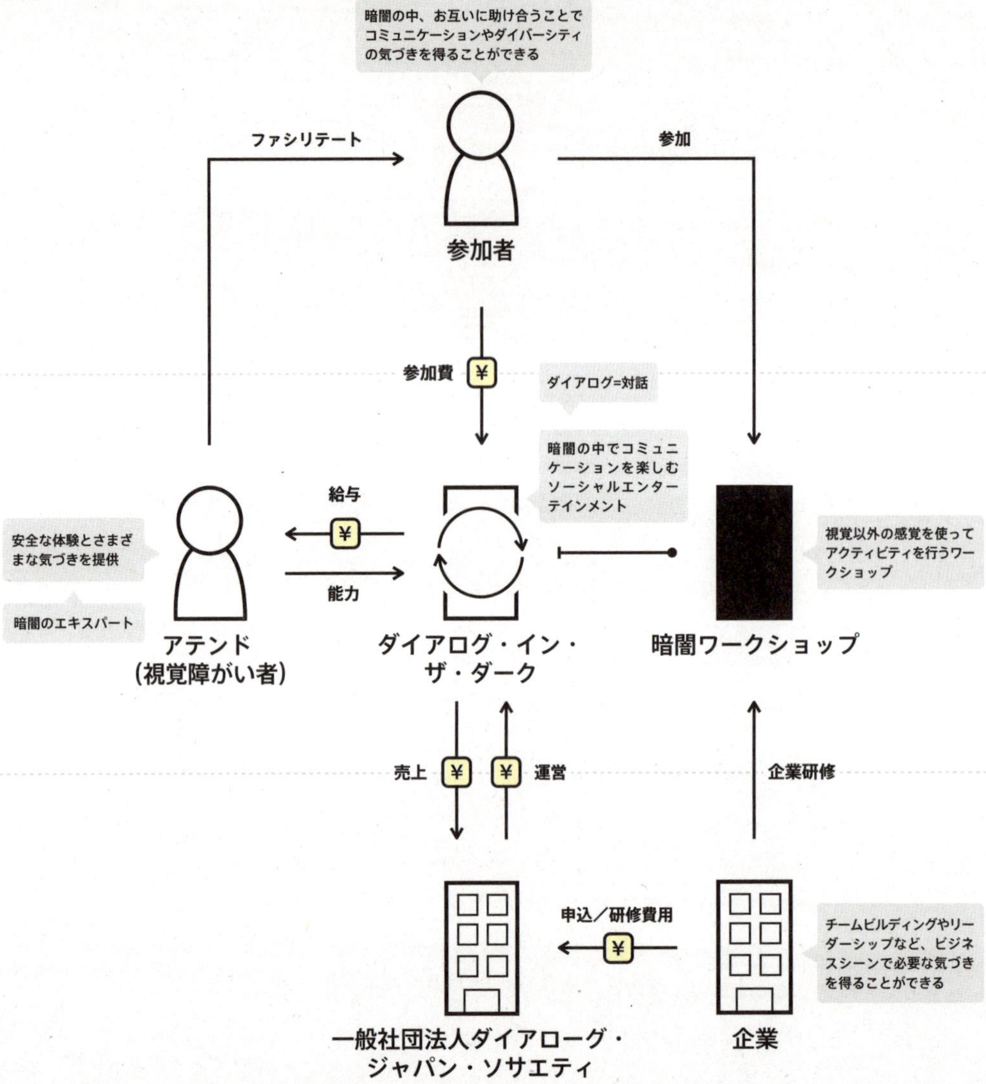

体験型ワークショップ

| 起点 | 定説 | すべての感覚を使って体験する |
| | 逆説 | 視覚以外の感覚を使って体験する |

アテンドは視覚障がい者

　100％の暗闇の中で行われるさまざまな体験をエンターテインメントとして楽しむことができる「ダイアログ・イン・ザ・ダーク」。

　実際にワークショップに行ってみると、本当に暗い。まったく何も見えない。参加者は、徐々に暗いところに案内され、最終的に深い暗闇の中に入っていく。僕が参加したときは5〜8人くらい。あまりに暗いので不安になるけれど、アテンドがついて丁寧に案内してくれる。このアテンドは、視覚的な障がいを抱える人だ。

　季節によってテーマも変わるようで、僕が参加したときは運動会だった。真っ暗闇でまず玉入れをする。正直、玉が入っているかどうかまったくわからない。でも、近い距離だからか意外と入っていたりする。

　いちばんビックリしたのは、アテンドの人に「そっちに歩いて行くと壁なのでぶつかりますよ」と声をかけられたこと。なぜ歩いていることがわかるの？　なぜ壁に向かっていることまでわかるの？　暗視ゴーグルでも装着しているのではないかと疑ってしまうほどだった。視覚以外の感覚で、空間を把握しているらしい。「社会的弱者」と呼ばれやすい立場に置かれる障がい者が、本当は弱者などではなくて、「その能力を発揮できる場所が少ないだけなのではないか」と気づかされるステキな試みだと思う。

　1988年にドイツではじまって以来、世界41カ国以上、130都市で開催され、これまで800万人以上が体験しているらしい。1998年には、「ダイアログ・イン・サイレンス」という音がない世界を体験できるイベントもはじまっていて、聴覚障がい者がアテンドにつき、音を遮断するヘッドセットを装着してさまざまな体験をする、というもの。2017年には日本で初開催された。

　ビジネスとしては、企業研修の一環として国内でもすでに数百社以上で導入されている。「こうした企業研修がもっと広まるといいな」と純粋に思わせられる体験型ワークショップだ。

キッチハイク

087

料理を「つくりたい人」と「食べたい人」をつなぐコミュニティ

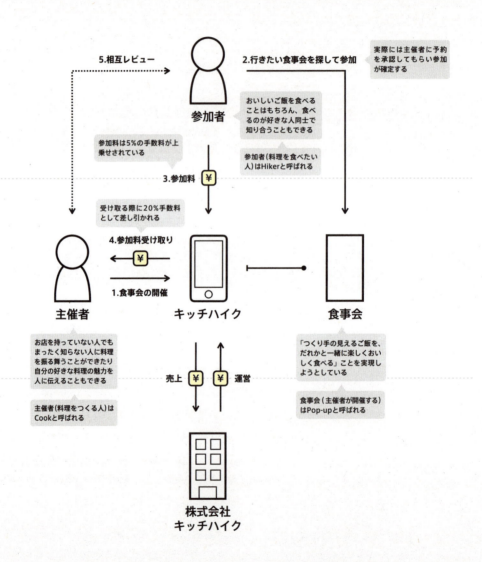

手作り料理 　起点　　定説　家族や友人にふるまうもの
　　　　　　　　　　　逆説　初めての人にもふるまえるもの

外食でも家食でもなく手料理をシェアする新しい試み

「料理をつくって振る舞うこと」に喜びを感じる人もいれば、「みんなで食事をともにすること」に楽しさを覚える人もいる。どちらも多くの人が日々体感している料理の魅力だけれど、株式会社キッチハイクが運営する「キッチハイク（KitchHike）」は、料理を振る舞う人と食べたい人とをつなぐサービス。「食でつながる暮らしをつくる」という同社のミッションを象徴するような事業といえる。

このサービスに参加すると、手づくり料理を振る舞う人は「Pop-up」と呼ばれる食事会を開催できる。それに参加したい人（食べたい人）は予約をし、承認されれば参加することができる。手づくり料理といえば家族や友人に振る舞うのが常識だけど、このサービスは「手づくり料理を初対面の人に振る舞う」という逆説が効いているのがすごいところ。

僕もそうだけれど、独身で1人で食べることが多い人にとって、料理は「作業」になりがち。「みんなで手づくり料理をいただく」という楽しみを味わう機会はない。そういう人にとっては魅力的なサービス。

キッチハイクの創業者である山本雅也氏はサービスを立ち上げたあとも世界中をまわり、いろいろな国のご飯を食べてきたらしい。そういう背景から、ビジネスに込められた情熱がひしひしと感じられた。キッチハイクの行動指針には「メッセージより仕組み化」「常識の比較より逆説のアイデア」というものがあり、僕たちビジネス図解研究所と思想的に共通点も多いのも好感。

2013年にサービスを開始してから、株式会社スープストックトーキョーや徳島市などの企業や自治体とイベントを開催するなどさまざまな取り組みをしている。2017年10月にはメルカリやベンチャーユナイテッドなどから総額2億円の資金調達をしていて、ますますビジネスを拡大していきそう。今度、家の近くのPop-upにふらっと行ってみたい。

088

WeLive

「WeWork」(シェアオフィス)に続く、コミュニティ重視の居住スタイル

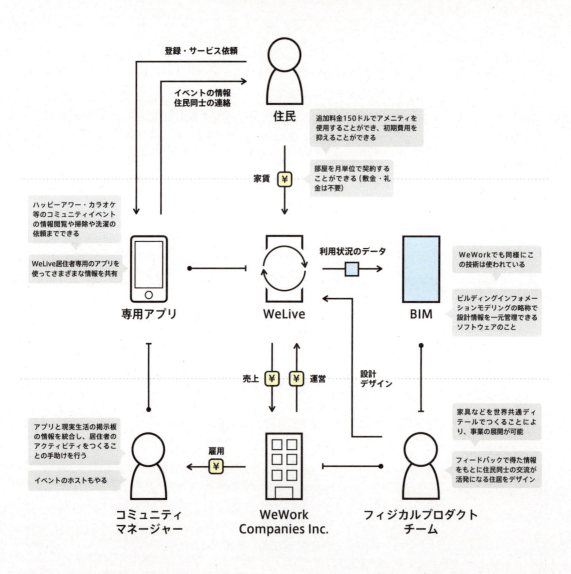

居住者のスキルや趣味を共有する

　シェアオフィスで有名なユニコーン企業 WeWork Companies が運営する住居が「WeLive（ウィーリブ）」。シェアハウスは、一般的にキッチン、バスルーム、リビングなど住まいに必要な場所や物などが共有されるが、WeLiveは「コリビング」と呼ばれる居住スタイルで、各居住者が持っている職業的なスキルや趣味を共有し、職住一体で積極的な交流をする暮らしの場所。

　住居を借りる際、米国でも日本同様に年単位など長期で契約するのが一般的だが、WeLiveは月単位で部屋を契約することができる。さらに、Wi-Fiや家具などのアメニティがひと通り揃っていて、初期費用を抑えることができる。また、居住者専用のアプリを使ってさまざまな情報を共有でき、ハッピーアワーやカラオケなどのコミュニティイベントの情報を閲覧できる。こうしたイベントのホストをしたり、居住者同士の交流を手助けするコミュニティマネージャーも存在する。これらの特徴が現代的なライフスタイルを志向するミレニアルズにささり、入居の希望が殺到している。

　WeWork Companiesが、他のシェアハウスの運営会社と違うのは、「つくること」と「運用すること」の両輪を回している点にある。建築業界と不動産業界は交流がほとんどなく、建物を設計する人と運営する人が別。そのため居住者のデザインニーズをとらえられていなかったり、せっかく良い建物ができても有効利用しきれない事例が多々ある。そこでWeWork Companiesは、建物の形、コスト、仕上げなどをデータベース化する「BIM（Building Information Modeling）」と呼ばれるソフトを導入。現場で得られた多様な情報をデザインにフィードバックし、設計の効率化、デザインのブランディングを行っている。業界の領域を超えることで、住民同士の交流が活発になるような空間も提供できる。

　2018年5月には、設計チームのチーフアーキテクトに、建築設計事務所「BIG」を率いる建築家のビャルケ・インゲルス氏が就任することが発表された。今まではインテリアに力を入れてきたけれど、同社が建物を丸々設計する日がくるかもしれない。

089

LifeStraw
安全な水が飲めるストロー型の浄水器

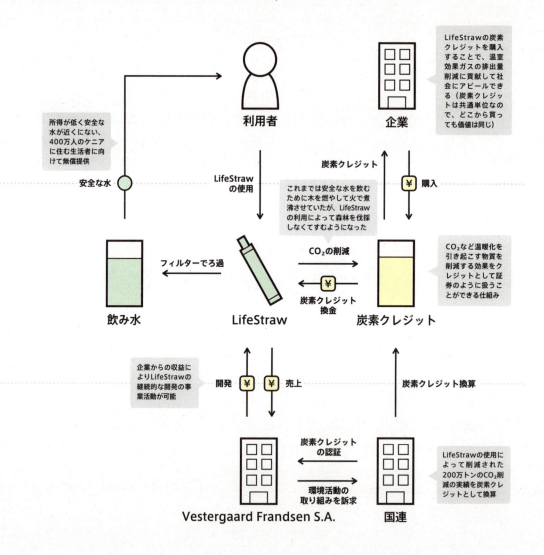

「製品を使う人」と「お金を払う人」が別

　泥水のような濁った水でもフィルターを通すことで飲用水として飲むことができる「LifeStraw（ライフストロー）」。この商品を開発するVestergaard Frandsen社は先進国のユーザーに向けた用途として販売するのではなく、安全な水を飲むことが困難であるアフリカなどの地域に目を向けることで、ターゲットユーザーを世界的に拡大した。

　しかし、LifeStrawを必要としている地域の所得は低く、現地で生活している人々が直接この商品を購入することは難しい。そこで同社は直接売るのではなく、ケニアに住む400万人に対して無償で配布した。これによって住民は安全な水を手に入れられるようになったが、結果的にその地域の環境にも変化が起こった。以前は木を切って燃やし、水を煮沸していたけれど、地域の森林を伐採せずに済むようになった。その結果、CO_2削減に大きく貢献するといった副次的効果が生まれた。

　LifeStrawの活動は、地球温暖化を防ぐCO_2削減や健康指標に寄与する取り組みとして国連の認証を得た。この価値に気づいたCSR（企業の社会的責任）の取り組みに関わりたい企業がCO_2削減の実績となる炭素クレジットを購入するようになった。これにより、LifeStrawを必要とする住民が直接購入しなくても、国連や企業の協力を得ることによって必要とされる地域に商品を提供することが可能となった。

　このビジネスモデルが興味深いところは2つ。1つめはLifeStrawを「安全な飲み水」で終わらせず、CO_2削減に役立つという価値にも着目した点。これによって国連や企業もこのビジネスの関係者となった。2つめは、商品を購入するのが利用者ではなく企業である点。LifeStrawは安全な飲み水の確保とCO_2削減の両方に価値があるため、使う人とお金を払う人を分けることに成功し、このビジネスモデルが成り立つようになった。

https://www.lifestraw.com/ より

090

スタディサプリ

学生のより良い学びと未来をつくる授業動画配信サービス

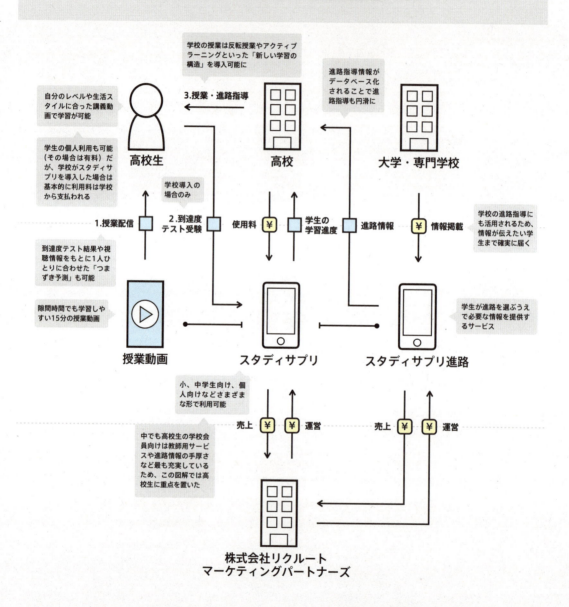

全国の高校の4分の1が採用

　すべての学ぶ意欲のある生徒に学びの機会を与えると同時に、教師の負担を下げるためのツールとして注目されているのが「スタディサプリ」。個人向けのサービスとしてスタートしたものの、質の高い授業の動画が定額で見放題で、アプリで手軽に復習できる点や、従来の学習サービスに比べて低コストである点が評価され、一気に学校へ導入される動きが広まった。

　学校向けの法人契約の場合、担当の教師には「スタディサプリ for Teachers」という、生徒の学習状況を一括して管理する専用の画面が用意される。これによって個々の生徒に合わせて授業動画を配信したり、視聴後の到達度チェックテストを実施するなど充実した指導が可能となる。多くの時間が割かれていた通常授業の予習・復習がスタディサプリに置き換わることで、教師は生徒1人ひとりのレベルに合わせて反転授業やアクティブラーニングといった応用的な指導へ集中できるのだ。

　もう1つ重要な要素は、40年以上続いた「リクナビ進学」の後継である「スタディサプリ進路」の存在。もともとは大学や専門学校などの進学先から情報掲載料をもらい、進学に関する情報を学生に伝える、という比較的単純なビジネスモデルだった。ところが、スタディサプリの授業動画と合わせて学校の進路指導に活用されることで、従来よりも学生との接点が大幅に増え、大学や専門学校から見て進路情報の掲載先としてすごく魅力的なサービスになった。また、教師から見ても進路指導情報をスタディサプリ内で一括で管理し、従来よりも円滑に進路指導ができるようになった。

　効率よく学習や進路の指導をしたい学校側と、進路情報を提供したい大学や専門学校側を結びつける、リクルートの得意とする「リボンモデル」ができあがっている。これによりリクルートの収益が安定するだけでなく、従来はある程度裕福な家庭でなければ受けられなかった教育サービスを学生側が低コストで利用できる。今では全国の高校の4分の1が活用し、小、中学生や社会人の学び直し向けにも拡充している。学校内で使用する際はWi-Fi環境整備が必要などのハード的な課題はまだあるものの、今後は教育インフラの1つとしてさらなる進化に期待する。

091

Good Job! センター香芝

障がいのある人と社会をつなぐ新しい働き方

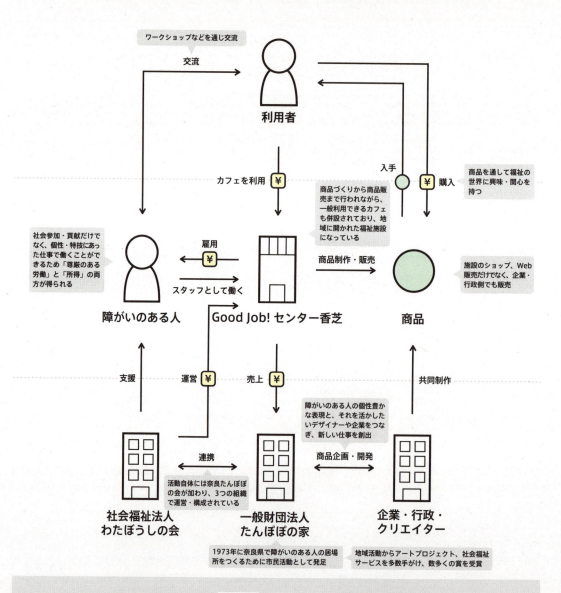

障がいのある人の可能性を広げる福祉施設

　仕事とは何か？　答えはいろいろ考えられるが、「社会とのつながり」というのは1つの答えではないだろうか。しかし、障がいのある人の仕事の選択肢は少なく、社会とつながれる範囲は狭い。そんな問題を解決しようと、1973年に奈良県で産声を上げた市民活動（団体）が「たんぽぽの家」だ。

　たんぽぽの家は3つの組織で構成されている。「一般財団法人たんぽぽの家」「社会福祉法人わたぼうしの会」「奈良たんぽぽの会」。福祉施設の「Good Job! センター香芝」は、わたぼうしの会が運営を担当している。

　たんぽぽの家の活動のすばらしさは1980年から受賞している賞の数々が物語っている。最近では、「Good Job!」プロジェクトが審査対象4085件の中から「グッドデザイン賞」の金賞に選出。たんぽぽの家理事長であり、わたぼうしの会理事長の播磨靖夫氏は日本・アジアへの活動の広がりに貢献したことが評価され、2009年度芸術選奨文部科学大臣賞（芸術振興部門）を受賞している。

　「今後の障がい者福祉モデルとなるような事業のために使って欲しい」と奈良県香芝の土地を寄付された方の思いと、これまでのたんぽぽの家の経験を活かした仕事の創出、商品のものづくり、流通拠点として「Good Job! センター香芝」は生まれた。同施設では、さまざまな企業・クリエイターとともに新たな商品が生まれている。そこには「エイブルアート・カンパニー」というたんぽぽの家が本部として関わっている、障がいのある人の創造性ある作品の著作権を管理する組織と、それを活かしたい企業・クリエイターをつなぐ仕組みがあることが大きい。そして完成した商品は企業側の販売経路や「Good Job! センター香芝」の施設内にあるショップで購入できる。利用者は商品を通じて障がいのある人の世界に触れ、価値観を広げていく。

　たんぽぽの家は、障がいのある人と社会とをつなぎ続けている。その活動や行動力、価値観から生まれるものは、仕事の分野を超え、さまざまなビジネスの手本になるのではないだろうか。

092 彩

地元で採れる草花が高級料亭の「つまもの」に変身

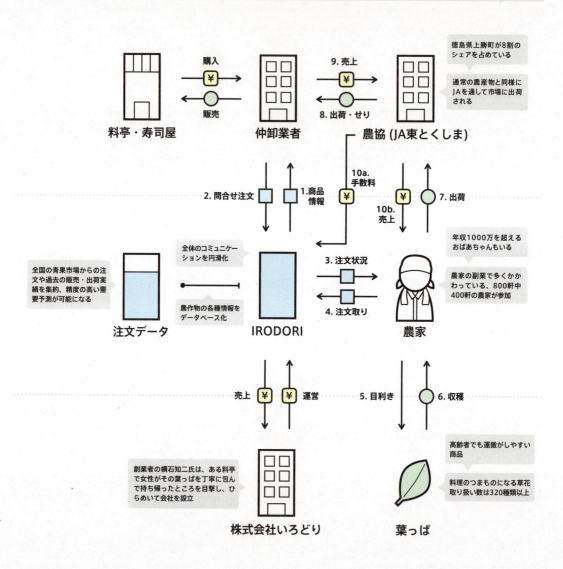

葉っぱが限界集落を救った

「彩（いろどり）」は、高級料亭で料理を引き立てる「つまもの」として使用される葉っぱを出荷するビジネス。2012年に『人生、いろどり』というタイトルで映画化されるほど、地方創生の成功モデルとしても有名な事例。

日本の地方自治体では高齢化や人口減少が進み、高齢者が全体の半分以上を占める「限界集落」が増えている。「働き手が減ることで産業が衰退する→働き場所がないから若者は都心へ出て行く」という負の循環に陥り、活性化をしようにも、八方ふさがりとなる自治体が多い。

徳島県の上勝町も、高齢者比率51.49％という典型的な限界集落の1つだった。1980年代に主な産業であった木材や温州みかんは輸入品との価格競争や天災により衰退し、集落が消滅する可能性もあった。そんななか、当時農協の職員であった横石知二氏がはじめたのが葉っぱを商品として売るビジネスだった。

葉っぱは農産物として取り扱われ、他の農作物と同様にJA（農協）を通して取引される。上勝町がはじめるより前から葉っぱの取引自体は行われていた。しかし、需要の予測が困難なため需要よりも供給が多くなり、価格が下落しやすくお金になりづらい不安定な商品になっていた。上勝町では徹底したマーケティングと発注のネットワークを再構築したIRODORIを提供することで、葉っぱをお金になる商品に変えた。

なにより、高齢者と葉っぱを組み合わせたのが、このビジネスのすごいところ。葉っぱは軽く力を必要としない商品のため、高齢者や女性が気軽にビジネスに参加することができる。業務自体も短時間で収穫を終えることができるし、管理の手間もほとんどかからない。大半の農家は副業として参加している。高齢化が進む集落において、誰もが無理なく参加できる産業となった。

金銭面以外にも影響が広がっている。働くことになった高齢者は健康的になり、町から老人ホームがなくなった。今日もパソコンやスマートタブレットを利用して仕事をする高齢者の方たちはみな生き生きとしている。

093

留職プログラム

新興国でのボランティアを通じた人材育成プログラム

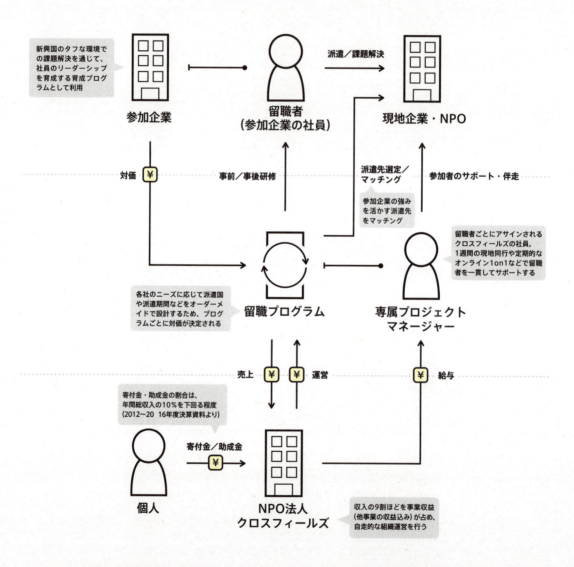

| 新興国のボランティア | 起点 | 定説 | 個人が参加する社会貢献の場 |
| | | 逆説 | 企業が自らの社員を育成する場 |

「ボランティア」と経済合理性を両立

　新興国には社会課題がたくさんある。貧困、エネルギー、教育、衛生、雇用……挙げればキリがない。「留職(りゅうしょく)プログラム」は、そうした新興国の社会課題解決を通じた、企業向けに提供される人材育成プログラムだ。「社会課題の解決」という言葉からイメージしやすいのは、ボランティアだと思う。個人が社会貢献として参加するイメージのあるボランティアだが、留職プログラムは「社会課題の解決」に、企業を巻き込んでいる点が一般のボランティアとの違いであり、最大の特徴だ。

　絶妙なのは、企業を巻き込むことで、結果的に関係する当事者それぞれにメリットを生み出している点。具体的には、①企業という資金力のある主体をターゲットにすることで、「留職プログラムの運営」に収益メリットを生み出している。②企業がもつ強み・スキルを活かせる派遣先を選定することで、派遣先である「現地企業／NPO」に高いレベルの課題解決を促している。③新興国というタフな環境でのプロジェクト体験により、「参加企業／留職者」に密度の高い育成プログラムを提供している。「社会課題の解決」の見せ方と売り方を変えることで、まさにwin-win-winなビジネスモデルをつくっている。特に、企業のニーズを拾い上げている点が印象深い。

　企業のグローバル化、グローバル人材の育成が叫ばれている昨今、具体的なプランを描けている企業がどれだけあるだろうか。会議室で座学研修を受けたり、MBAに通ったりするよりも、留職プログラムは、実践的で具体的なグローバル人材の育成プログラムであると感じる。

　留職プログラムを運営するNPO法人クロスフィールズは、事業収益が全体の約9割を占めており、寄付金や助成金の割合は非常に少ない（同NPO法人の事業報告書より）。NPO法人に対して、ビジネスとは切り離された、ボランティアや社会貢献に近いイメージを持っていた人にとっても、新鮮で学びの多い事例だと思う。

094

子育てシェア

地域の人といっしょに子育てをするシェアアプリ

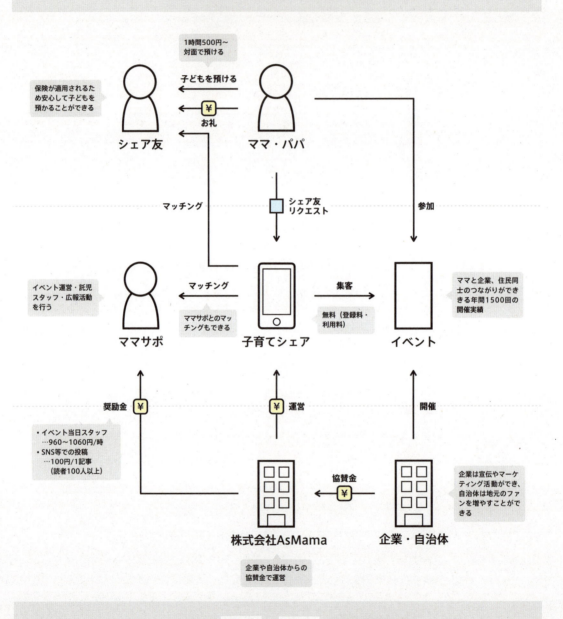

送迎や託児も地域内で助け合う

「子育ては親がしないといけない」。ひと昔前まではそれが世間の常識だった。しかし、女性の社会進出などにより、そうした考え方は行き詰まっており、実際に、仕事と育児の両立に苦しんでいる子育て世代も多い。「子育てシェア」は、子育てに奮闘する親たちの苦労をやわらげてくれるサービス。

運営している株式会社AsMamaは、「子育て世代が助け合える社会をつくろう」という志を持って子育てシェアを立ち上げた。子育て世代が集まる地域内で託児や送迎などを助け合うことで、待機児童や少子化問題の解決、親の子育てと仕事の両立を目指している。

親は子育てシェアアプリを使うことで、今まで付き合いのなかった地域の友達や知人や企業とつながることができる。送迎や託児の代理にとどまらず、コミュニケーションが生まれ、不安が安心に変わっていく。子どもは普段接しない人や場所に触れることで成長につなげられるという良さもある。

登録料やマッチングの手数料などの費用を一切徴収しないビジネスモデルが特徴的。子どもを預ける人と受け入れる人の間では、1時間につき500円程度の謝礼ルールが設定されているが、あくまでも利用者が気兼ねしないためのもの。「友達の家に子どもを遊びに行かせる」という感覚で利用してほしい、という思いがサービスに反映されている。また、すべての利用者に最高5000万円の保険が適用される。これは、安心・安全をいちばんに考え、健全に市場をつくっていきたい、というビジョンのあらわれでもある。

実際の利用は、地域で子育てシェアを促す認定サポーター「ママサポ」と会うことからはじまる。元保育士などが4割程度を占めているママサポを通して友人をつくり、交流会などに数回参加することで利用できるようになる。2018年6月時点での登録者数が6万人弱で、解決案件数は約2万件まで拡大している。このサービスをきっかけに、子育てにやさしい社会がどんどん広がってほしい。

095

TABLE FOR TWO

20円で食の貧困と肥満を解決する仕組み

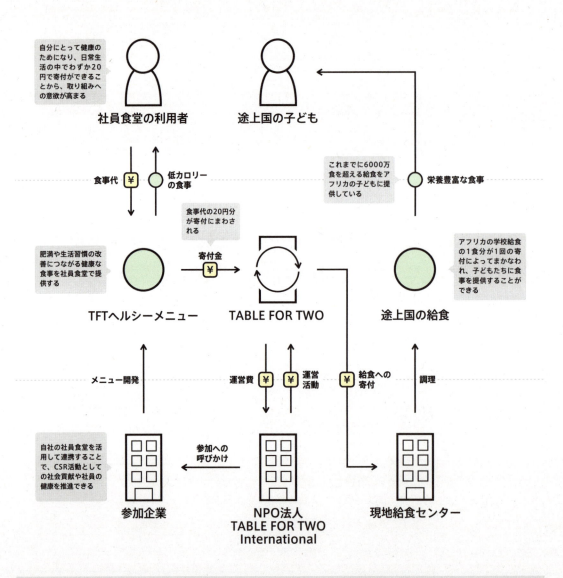

途上国と先進国の課題を同時に解決する

　世界では10億人が貧困によって栄養失調や飢餓などの状態に置かれている一方、20億人が食べすぎによる肥満や生活習慣病に悩まされている。

　「TABLE FOR TWO（TFT、テーブル・フォー・ツー）」は、このような食の不均衡から生じる問題に対して開発途上国と先進国の両側からアプローチをし、飢餓と肥満の両方を解消していくためにさまざまなプログラムをNPOの立場から取り組んでいる。

　代表的な取り組みの1つは、企業の社員食堂との提携によるもの。通常のメニューよりカロリーと栄養バランスに気を配った「TFTヘルシーメニュー」を社員食堂で提供して、食事代に寄付金20円をプラスして料金設定をする。途上国の1食分に相当する1人の寄付は、現地の学校給食に使われる。食べすぎの人が減らした分のカロリーを不足している人に届けることで、食料分配のアンバランスを同時に解消していくことに貢献している。

　支援先地域はウガンダ共和国、エチオピア連邦民主共和国、ケニア共和国、タンザニア連合共和国、ルワンダ共和国、フィリピン共和国など。参加企業や団体は300を超え、食事メニューをつくる企業や大学連合などとの連携も行っており、日本のみならず海外でも活動を展開している。

　多くの人が社会のために何かしら貢献をしたいと考えるが、募金だけでは実感が弱かったり、そのための時間をとることが難しかったりする。しかし、TFTの仕組みは、いつもの生活の中で、ほんの少しのお金と行動で1食分を届けることができ、貢献する側にとってもうれしい。そんな参加へのしやすさが多くの人の協力につながっているのだと思う。ビジネスモデルの仕組みは、人々の意識をより社会のためにつなげていくことにも役立てられることに気づかされる取り組みの事例だ。

nana

ユーザー同士が歌や演奏を投稿して楽曲をつくるアプリ

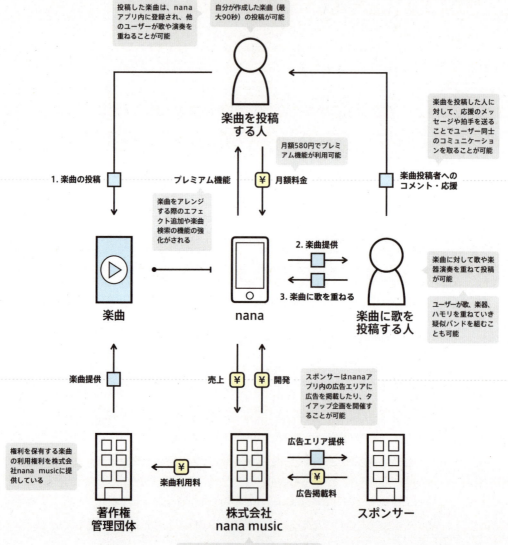

初心者でも臆せずに投稿しやすい仕組み

既存の音楽SNSでは、サービス側が指定した楽曲に対して歌を歌って投稿する、いわゆるオンラインカラオケのようなサービスが主流。「nana（ナナ）」でも楽曲に対して歌を投稿することは変わらないけれど、楽曲自体をユーザーが提供したり、自分が投稿した歌に対して他のユーザーがハモリや楽器演奏を重ねて投稿することができる。

nanaの利用ユーザーは、半数以上が若年層の女性で、楽曲投稿数は1日5.5万件。他のSNSサービスに比べてアクティブユーザーの割合が非常に高い。アクティブユーザーが多いのは、よく練られたコミュニケーション設計にある。音楽SNSは歌や演奏が上手な人と一般の人の実力差があり、一般の人は投稿のハードルが上がり徐々に投稿しなくなってしまう。しかし、nanaは両者の溝が深まらない工夫がされている。たとえば、投稿時間を最長90秒にして手軽な投稿をしやすくしたり、1つの曲を1フレーズずつリレー形式で歌いつなぐ「renga」という手法があったりする。また、ユーザー同士のコミュニケーションを活性化するために、ユーザー同士を競わせる企画や、投稿すると何かプレゼントされるといったインセンティブ目的の企画は、あえて開催しない。

若年層の1つのコミュニティをつくっているnanaの収益は、「フリーミアムモデル（基本は無料で利用して、有料プランも提供する形）＋広告モデル」で生み出すビジネスモデルになっている。有料プランの加入者数は、2017年4月に1万人を突破し、今後も会員数の増加が期待される。

同社は2017年1月、DMM.comの子会社となった。子会社になることを承諾した理由について代表取締役の文原明臣氏は「僕は、nanaというサービスで、音楽で世界中の人々をつないでいきたい。でも、サービスをつくるためには、当然ながらお金も必要です。サービスをつくるためのお金を集めるんですけど『全然プロダクトに関われていないじゃん』と思いはじめていました。そこが、今回決断した非常に大きな理由の1つでした」と語っている。

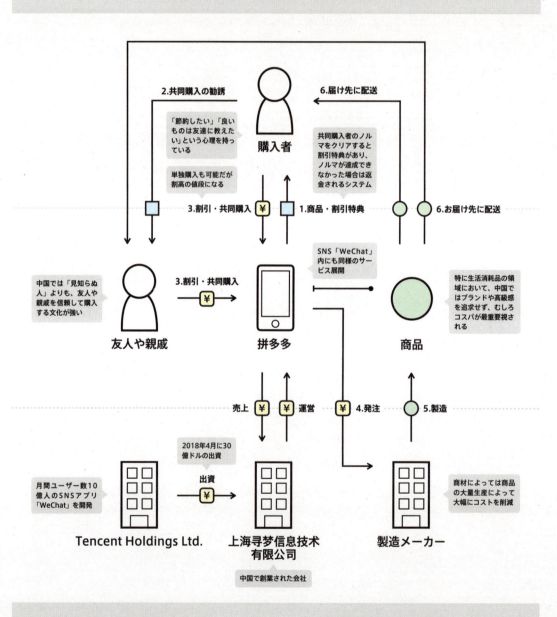

友人や親戚を巻き込むことで安価で買える仕組み

　Eコマース界の新星ながら、驚くべき勢いで中国を席巻する可能性を持つこの会社を知っているだろうか。共同購入サービスは、これまでもたくさんあったが、「拼多多（ピンドォドォ）」は目の付けどころがユニーク。これまでの共同購入サービスでは、商品を売りたい会社側がクーポンを発行し、広告費をかけることで、知名度を上げるという方法が一般的だった。一方、拼多多はゲームのミッションに挑戦するような共同購入サービス。たとえば、共同購入者のノルマをクリアすると、割引特典がついてくる。購入者が親戚や友人などにSNSで声をかけて、共同購入を宣伝させるという独特の仕組みだ。

　同サービスが中国で着目されていることには理由がある。中国では友人や親戚を信じて購入するという文化が強いため、中国で急速に拡大し、すでに1700万以上ダウンロードされている。

　拼多多は、2015年9月からはじまったまだまだ新しい会社だが、現在、淘宝（Taobao）、京東（JD.com）に次ぐ中国第3位まで成長している。その理由は、Tencent Holdingsと（テンセント）の深いつながり。2017年に同社が主要株主となり、2018年4月には30億ドルの出資を受けることで、拼多多の評価額は150億ドルに達した。さらに、創業から2年半でユーザー数は3億人、流通総額は740億ドルに到達。驚くべき成長の背景には、テンセントが開発した「WeChat」との連動がある。WeChatは、月間ユーザー数10億人のSNSアプリで、購入者が友人にセールスする拼多多のサービスと相性がよかった。影響力が高いインフルエンサー的なユーザーには、商品を無料で提供されるなどユーザーメリットもある。

　共同購入数があらかじめわかることで、生産ラインも改善できる。製造工場では、商材によっては大量生産によって大幅にコストを削減することができるために、ユーザーには破格の価格で商品を届けられるC2M（Customer to Manufacturers）のビジネスモデル。いくつもの要素をうまく組み合わせた美しいビジネスモデルである。

098

ヤンキーインターン

中・高卒者向けの住み込み型就職支援プログラム

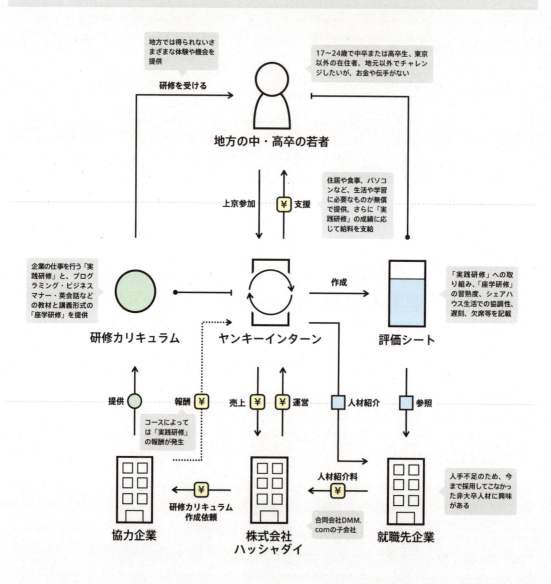

地方の非大卒の若者に東京で挑戦する機会を無償提供

　地方の中・高卒の若者は、学歴や地方格差により人生の選択肢が少なくなりがち。地元以外の場所でチャレンジしようと思ってもお金やコネクションがないことが多く「東京で挑戦する機会が得づらい」状況にある。「ヤンキーインターン」は、そんな漠然と今の自分を変えたい若者の社会進出、自己実現、自分探しの支援を行うサービス。

　株式会社ハッシャダイは、2015年から地方出身の17〜24歳の中・高卒を対象に、住み込み型の就職支援プログラム「ヤンキーインターン」を運営している。実際に東京で企業の仕事をする"実践研修"と、プログラミング、ビジネスマナー、英会話などを教材と講義形式で勉強する"座学研修"の2種類を「研修カリキュラム」として提供する。さらに参加者には、転職支援、東京での食事や住居、パソコンなど生活や学習に必要なものが無償で提供される。参加料はとらず、ヤンキーインターン経由で採用が決まったとき、企業から紹介料をもらうビジネスモデル。インターンの期間は3カ月から半年ほどで、これまで約200人がインターンに参加し、8割程度が就職した。進学や留学、起業に至ったケースもある。

　注目したいのは、参加者は一切お金を払わずに、英会話や就活講習などの研修を受けて、職業体験を通じた社会進出の支援が受けられるところ。ヤンキーインターンは、研修カリキュラムで参加者のスキルアップを支援するとともに、カリキュラムの取り組みや習熟度、協調性などの生活態度を書いた「評価シート」を非大卒人材に興味のある企業に提出し、学歴や職歴以外の評価材料・信用材料にしている。参加者は、インターン卒業後の就職は絶対ではなく、東京や地元で就職・進学・起業・留学など、地元では得られなかった価値観を身につけ、さまざまな選択肢を得て卒業できる。

　これまで、利益のほとんどを参加者の研修環境にあてていて儲けは非常に少なかったが、2018年4月に、合同会社DMM.comと資本提携し100％子会社になったので、今後の事業の拡大に期待したい。

099
Neighbors
ご近所同士で実現する地域のホームセキュリティ

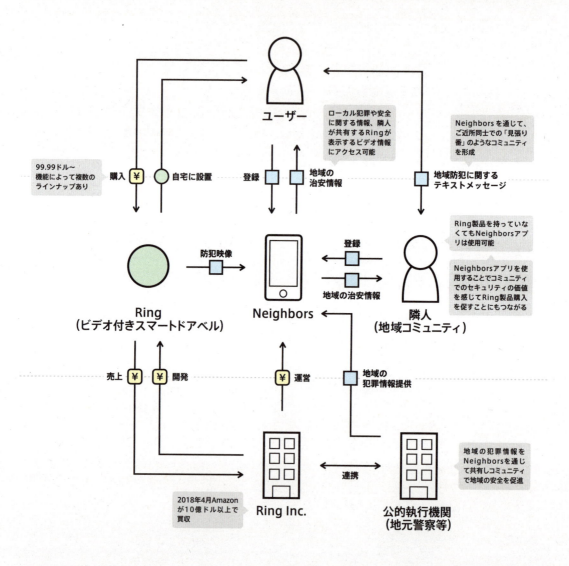

「見張り番」コミュニティで地域の安全を守る

　ビデオ付きスマートドアベル「Ring」を販売するRing社が公開したアプリ「Neighbors（ネイバーズ）」は、ご近所同士の「見張り番」に近いコミュニティをつくり、地域の安全のために犯罪に目を光らせ監視することを目指している。

　ユーザーはビデオ付きスマートドアベル「Ring」を購入し、自宅に設置することで、スマートフォン、タブレット、パソコンを通じてどこからでも家に訪れた人を確認し、その人と会話ができる。この機能自体は珍しいものではないが、Ring社が公開した「Neighbors」アプリは、ビデオ付きスマートドアベルに映る自宅に訪れた人の様子をアプリを通じてNeighbors（＝隣人）に共有できる点がユニークだ。不審者らしき人が自宅の前にいるとわかれば、そのことを隣人に伝えて地域全体がその状況をすぐに把握することができる。

　このアプリは「Ring」を持っていなくてもダウンロードが可能。アプリを通じて地域の治安や安全に関する公的機関の執行情報にアクセスしたり、「Ring」の所有者が共有するビデオ映像を表示したり、アプリを通じてテキストベースのメッセージを共有したりすることができる（2018年7月現在、対象国ではないため日本国内でのアプリダウンロードは不可）。

　また、Ring社は2016年にロサンゼルス市警と提携し「Neighbors」のコミュニティをより信頼度の高いものへと成長させようとしている。ホームセキュリティは各家庭の責任で行うものだったが、テクノロジーの力で住民同士のコミュニティをつくり、住民同士が地域の犯罪に目を光らせて「地域コミュニティで行うもの」へと変化させようとしている。

　「Neighbors」アプリは「Ring」のモバイルアプリにあった機能をベースに開発されているが、2018年4月のAmazonによる10億ドル以上でのRing社買収後に正式にリリースされていることから、Amazonのビジネス拡大に乗じたさらなる拡大が期待される。

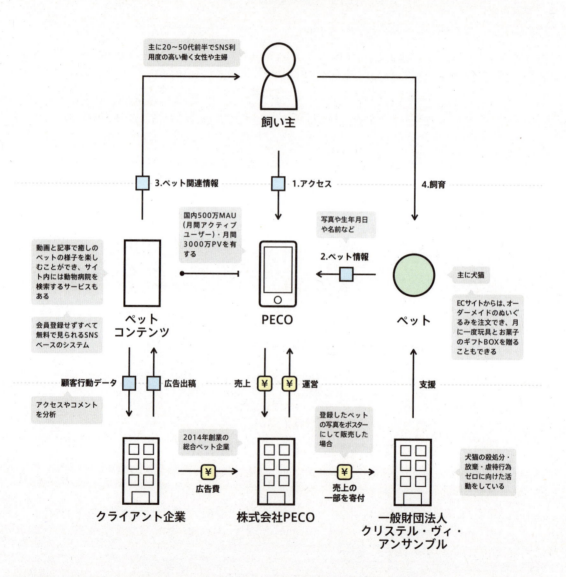

ペットのしつけや飼い方の情報を共有化

近年、犬と猫に代表されるペット産業界でのターゲットは約1800万頭いるとされ、これは日本の高齢者より少なく、15歳未満の子どもの数より多いくらいの規模感だ。

ペットの飼い主は、しつけや飼い方といった日常に関わる情報について、基本的には雑誌メディアや検索サービス、SNSを介しての友人、主治医などいくつものリソースから仕入れて、自身のペットに合うかどうか試行錯誤する。

しかし、「他の飼い主は犬にトイレマナーをどう教えているのか」「同じ毛の長い血統の猫はどういう器具でブラッシングすると喜ぶのか」など、そのペットならではの状況を共有して解決するコミュニティが少なく、参加しづらいといった課題がある。なぜなら、ペットの種類は多く、そのコミュニケーションは非言語なので、出生地や血統によって大きく違う飼育環境を想像するしかないから。

こうした課題に対して、「PECO(ペコ)」はSNSのシステムをアプリ内に設計し、さまざまな種類のペットのしつけや飼い方の画像と動画を誰とでも共有できるようにして解決した。そのうえで、飼育の専門家に加えて、クリエイターがコンセプトから徹底してコンテンツをつくることで、サービス開始から1年半で、国内で500万人のアクティブユーザー、3000万件のページビューを達成。海外でも150万人のユーザーが利用するほどになった。

そのほか、動物病院の検索サービスやオーダーメイドのぬいぐるみの注文、玩具とお菓子といったギフトセットの購入もECサイトからできるため、アプリひとつだけで必要な情報が手に入る。しかも、自身のペットのアートポスターをつくった場合は、売上の一部を犬猫の殺処分・放棄・虐待行為ゼロに向けた活動へ寄付。非営利団体と連携し、保護犬・保護猫を支援する新しい貢献のかたちを仕組みで実現している。

「ヒト」のビジネスモデル
まとめ

「ヒト」の章で紹介した事例は、さらに「誰を、どんなふうに巻き込んだか」によって「リソース系」「社会課題系」「マッチング系」の3つに分類できる。

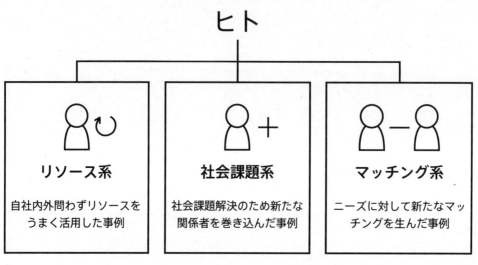

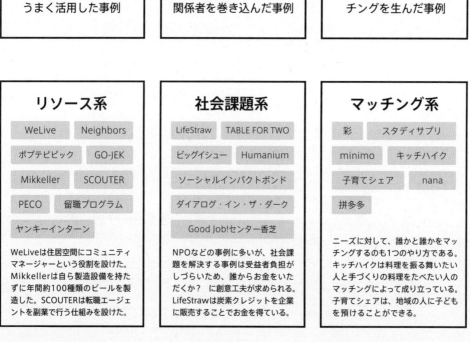

自分でビジネスモデルを図解してみよう

図解が簡単にできるツールキット

ここまで100のビジネスモデル図解を紹介してきたが、自分でビジネスモデルを図解してみたくなった人もいるかもしれない。そこで、ビジネスモデル図解を自分で編集できるツールキットを用意した。

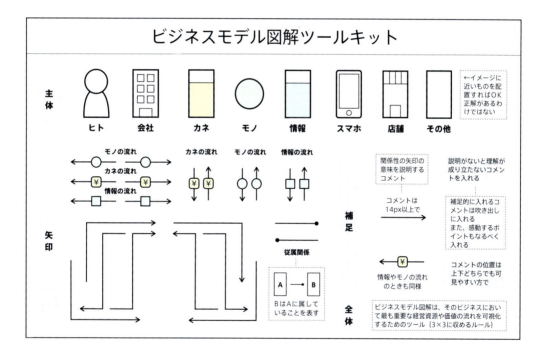

「ビジネスモデル図解ツールキット」は、ビジネスモデル図解を自分でやってみたい人向けに、図解のパーツを揃え、編集しやすくしたものだ。

このツールキットは、SNSなどでも配布している。Googleスライドで作成しているので、パワーポイントなどにダウンロードして自分で編集できる。興味のある人は、ぜひ左のQRコードからダウンロードしてほしい。

ビジネスモデル図解の特徴をもう一度

　序章の繰り返しになるが、自分で図解したい人に向けて、あらためて本書のベースとなる「ビジネスモデル図解」を説明しておこう。ビジネスモデル図解は、「そのビジネスは誰（何）が関係しているのか？」、そして「どんな関係になっているのか？」を知るためのツールだ。

　ビジネスモデル図解の大きな特徴は、「3×3」の構成になっていること。特に、上・中・下段のレイヤーにはそれぞれ意味がある。上段は「利用者（そのビジネスの対象は誰なのか？）」、中段は「事業（そのビジネスに必要不可欠な主体は何か？）」、下段は「事業者（そのビジネスは誰が主体者なのか？）」という構成になっている。

　「3×3」の制約を設ける理由は、必然的に図解できる情報が制限されるから。情報量を制限しようと思えば、意図的に情報を削る必要がある。情報を削るためには、「そのビジネスにおいて何が重要なのか？」を見極めなければいけない。つまり、3×3の中に情報を収める過程を通して、そのビジネスの重要な部分の優先順位をつけ、取捨選択をしていることになる。

　実は、ここがとても重要。なぜなら、一度に人間が把握できる情報は限られているから。よりシンプルに相手に伝えるために3×3という設計にしている。

　つまり、ビジネスモデル図解は、誰かに説明するシーンを想定している。要は、コミュニケーションツールだ。

　「取引先に説明するため」「上司や役員に説明するため」「投資家に説明するため」「自分たちのサービスや商品を使ってくれる人に説明するため」などなど、実際のビジネスシーンで、自分たちのビジネスの構造を相手に理解してもらうために使ってほしい。

　また、制約を設けるもう1つの利点として、複数の事例を同じ「型」で見られることがある。図解が3×3の「型」になっていると、一度その見方さえわかってしまえば、次にビジネスモデル図解を見るときには理解がしやすくなる。制約は「型」としてあらわれ、「型」は自然と学習をうながす、という構造になっている。

ビジネスモデル図解の活用シーン

　「ビジネスモデル図解ツールキット」を配布してから、いろいろな企業が実際に使ってくれている。僕の知るかぎり、次の3つの用途で活用されている。

① 自社の既存事業を図解する（広報・営業・経営企画など）

- PRに役立てる（プレスリリースに入れるなど）
- 投資家向けの資料に入れる（資金調達など）
- クライアント向けの資料に入れる（営業力強化など）
- 社内向けの資料に入れる（稟議を通すなど）
- 既存事業の整理・可視化をする

② 自社の新規事業を図解する（経営企画室・新規事業開発室など）

- 社内で新しいビジネスモデルを検討する
- 他社事業のビジネスモデルを業界・競合分析に役立てる

③ 個人の勉強のために図解する

このほかにも、いろいろな使い方ができると思う。ぜひ実際に使ってみて、感想を聞かせてほしい。そのフィードバックを得て、随時アップデートしていきたい。

ビジネスモデル図解ツールキットの未来

現状、ツールキットをGoogleスライドで配布しているが、より直感的に、より簡単に編集できるようなツールを企画している。ブラウザ上で編集でき、画像としても書き出せるうえに、他の人のビジネスモデル図解も見られるようにする。また、タグやカテゴリで図解を検索し、他の人が描いた図解をもとに自分で図解をアレンジすることもできる。

本書では100の事例を図解したが、このようなツールをつくることで、1000、1万という数のビジネスモデル図解が集約されていく。数が集まると、そこから共通点や傾向が見えてきたり、新しいビジネスモデルを考えるための材料として使えたりするかもしれない。いわばビジネスモデル版の「GitHub」だ。

ゆくゆくは日本だけでなく、世界中で使われる可能性もある。そうすれば、非言語コミュニケーションとしてのビジネスモデル図解の可能性も広がるかもしれない。ビジネスをより楽しく、ワクワクと考えられるコミュニケーションツールになれば幸いである。

おわりに

　2017年8月末、本書が出る1年ほど前に、はじめてビジネスモデル図解を書きはじめた。Lemonade（本書112ページにも図解が登場する）という米国の保険のビジネスが紹介されている記事を見て、その仕組みに感動した。「この感動を誰かに伝えたい！」と思ったのが、図解のはじまりだった。

　その図解をSNSに公開してみると、「いいね！」とたくさんの反応があった。それから10日間、1日1つ図解を公開し続けた。すると、「まとめて見たい」という声がちらほらあったので、2017年11月初めにnoteに図解のまとめ記事を公開。その記事がツイッターで日本のトレンド4位になり、ソーシャル経済メディア「NewsPicks」で5000回以上Pickされ、翌日には出版の依頼が来た。当初は、まさか本を出すことになるなんて思ってもいなかった。

　もともと「自分の感動を伝えたい」という欲求ではじまったビジネスモデル図解の活動は、多くの方の共感をいただいて、こうして出版することができた。さまざまな方の支援や影響があってこそだ。1つだけ、どうしてもここで紹介したい本がある。それは、2010年に出版された『ビジネスモデルを見える化するピクト図解』（板橋悟著、ダイヤモンド社）。

　当初、ビジネスモデル図解を書きはじめたときには、無我夢中すぎて失念していたけれど、あとで「なぜこういう形で図解したのか？」を思い返してみると、大学院生時代に論文を書いていたときに同書を読んでいたことを思い出した。同書は、ビジネスモデルキャンバスとのつながりを明示しながら、特定のルールを用いて図にするというもので、当時の自分はとてもインスパイアされた。ビジネスモデル図解とはルールは違うが、この本がなかったら、本書は生まれていなかったと思う。ここで改めて感謝申し上げたい。

　本書には、実は約50名の執筆者がいる。その50名は、ほとんどがビジネスモデル図解をきっかけに出会ったメンバーだ。もともとは1人ではじめたビジネスモデル図解。出版をきっかけにして、「ビジネスモデル図解制作委員会」というコミュニティを立ち上げ、説明会を4回開催すると、有志でさまざまなメンバーが参加してくれた。NPO、商社、不動産、証券、経営コンサル、IRコンサル、広告代理店、省庁、建築家、IT、食品メーカー、スタートアップ、エンジニア、UIデザイナー、人事などなど職種や立場もさまざま。それぞれ本業がある中で、約半年間、本書

の制作に関わってくれた。そんな委員会のメンバーに「ありがとう」と言いたい。以下、名前は敬称略にさせていただいた。

　まずはチームリーダーのみんな、川野琢也、藤岡美佳、田所憲、古川慧一、蛯原侑子、金井良輔に感謝したい。リーダーは常にチームのことを考えてフォローし、ここぞというときにはすぐに集まってくれた。本当に心強い存在だった。リーダーたちがいなかったら本書はできていないと思う。ありがとう。

　1期で集まってくれた、高橋尋美、杉山恭平、宮下巧大、浜田翔、三宅洋基、大嶋泰斗、指山和樹、ブランスクム文葉、大下文輔、林直幸、沖山誠、本山哲也、久野慶太、池田彩華、今村美奈子、森信一郎、廣川優歌、橘千春、平野咲江、西堀友之、中島亮太郎。約半年の間、ビジネスモデル図解というテーマを通して一緒に活動できてうれしかった。なにも決まっていなかったスタート段階から、徐々に対話を通してコミュニティの形が見えてきて、一緒につくりあげてきた感覚がとても強い。ありがとう。

　1.5期で集まってくれた、松長卓志、北川和美、茅森剛、友部隆史、渡邉紗蘭、山脇豪介、棟方麻希、山岸有馬、春田海人、葛西信太郎、山本隼希、牧内恵一朗、新井千裕、斉藤我空、神戸美徳。突然、激流の中に放り込まれたようなスケジュールだったけれど、みんながいたから最後までやり遂げられたし、コミュニティに新しい風を吹き込んでくれた。ありがとう。

　ここに紹介したメンバーは一部で、他にも委員会を支えてくれた方はたくさんいた。感謝。紙幅の関係上、全員の名前が書けないことを許してほしい。

　あと、最初に委員会を立ち上げるときに親身になって協力してくれた野村愛と木勢翔太にも感謝したい。2人がいてくれたおかげで安心してスタートを切ることができた。

　noteに記事を書くことがなかったら、これら一連の活動はなかったとすら思う。noteで人生が変わったといっても過言ではない。noteを運営しているピースオブケイクのみなさま、いつもありがとうございます。

　そして、noteの記事を見つけてすぐに熱いオファーをくれたKADOKAWAの田中さん、すばらしいチャンスをいただいたことに感謝したい。

　最後に、株式会社そろそろのメンバー、佐藤純一、石畠吉一、長橋剛に感謝したい。創業5年目でもふらふらする僕が書籍執筆に時間を割くことを応援してく

れて、サポートしてくれた。家族のようなメンバーの支えがあるから、僕はここまで好き勝手できているのだと思う。

「ビジネスモデル図解制作委員会」の活動はいろいろなところに飛び火して、『日経MJ』での連載や、企業とのコラボレーションなどさまざまな展開がはじまっている。現在は、誰もが当事者だけれど複雑で理解しがたい「ビジネス」と、よりシンプルに抽象化して構造的にわかりやすくする「図解」というツールの2つの掛け合わせの追求をコンセプトにして、「ビジネス図解研究所」というコミュニティとしてリニューアルされた。次の出版も決まっている。今後の展開にも期待してほしいし、本書を読んで、なにかピンとくるものがあったら、ぜひ連絡してほしい。

著者